No más berrinches

Consejos para lograr la armonía entre padres e hijos

Meg Eastman
Sydney Craft Rozen

No más berrinches

Consejos para lograr la armonía entre padres e hijos

AGUILAR

AGUILAR

Título original: *Taming the Dragon in your Child: Solutions for Braking the Cycle of Family Anger*
Traducción: Atalaire

De esta edición:
D. R. © Aguilar, Altea, Taurus, Alfaguara, S.A. de C.V., 2001
Av. Universidad 767, Col. del Valle
México, 03100, D.F. Teléfono 56 88 89 66

- Distribuidora y Editora Aguilar, Altea, Taurus, Alfaguara, S. A.
  Calle 80 Núm. 10-23, Santafé de Bogotá, Colombia.
- Santillana S. A.
  Torrelaguna 60-28043, Madrid, España.
- Santillana S. A.
  Av. San Felipe 731, Lima, Perú.
- Editorial Santillana S. A.
  Av. Rómulo Gallegos, Edif. Zulia 1er. piso
  Boleita Nte., 1071, Caracas, Venezuela.
- Editorial Santillana Inc.
  P.O. Box 19-5462 Hato Rey, 00919, San Juan, Puerto Rico.
- Santillana Publishing Company Inc.
  2043 N. W. 87 th Avenue, 33172. Miami, Fl., E. U. A.
- Ediciones Santillana S. A. (ROU)
  Cristóbal Echevarriarza 3535, Montevideo, Uruguay.
- Aguilar, Altea, Taurus, Alfaguara, S. A.
  Beazley 3860, 1437, Buenos Aires, Argentina.
- Aguilar Chilena de Ediciones Ltda.
  Dr. Aníbal Ariztía 1444, Providencia, Santiago de Chile.
- Santillana de Costa Rica, S. A.
  La Uruca, 100 mts. Este de Migración y Extranjería, San José, Costa Rica.

Primera edición: septiembre 2001
Primera reimpresión: enero 2002

ISBN: 968-19-0882-1

Fotografía de cubierta: Raúl González
D. R. © Diseño de cubierta: Antonio Ruano Gómez
Diseño de interiores: Times Editores, S.A. de C.V.

Impreso en México

Índice

Prefacio

Los padres preguntan: ¿qué podemos hacer ante las rabietas?, ¿cómo actuar con niños que pierden los estribos?, ¿cómo enseñar a los niños a expresar la rabia sin hacer daño a los demás? Son preguntas importantes. Los adultos necesitan respuestas concretas y prácticas para cortar los estallidos de rabia de los niños y enseñarles a expresarla responsablemente.

Son muy numerosos los padres de niños normales a quienes podrá ser útil un libro repleto de ideas, estrategias y ejemplos sobre cómo encauzar la rabia en los más jóvenes. Este libro está destinado a todos ellos, así como al cada vez mayor número de padres que buscan cada año la orientación de un profesional para sus niños.

He invertido diez años en pensar y madurar las ideas vertidas en este libro. Quería exponer mi criterio sobre cómo prevenir y aprender de los estallidos de rabia que vuelven locos a los padres. Todo cuanto aquí expongo es también fruto de los esfuerzos y logros de miles de padres que han trabajado conmigo para controlar la rabia.

Cuando me presentan como psicóloga infantil, hay padres que suelen decirme bromenado: «Entonces sus hijos serán perfectos.» Y yo me río porque nadie es perfecto, aunque todos queremos ser unos padres perfectos. Sé por experiencia que una cosa es saber lo que hay que hacer y otra cosa bien distinta lograrlo en el acaloramiento de una discusión. Cuando sentimos rabia y perdemos el control, todos decimos y hacemos cosas que después lamentamos. Olvidamos las nuevas habilidades que hemos adquirido y recurrimos a los hábitos que han servido para la expresión de la rabia en nuestra familia durante generaciones.

La información contenida en la primera parte sirve para comprender las raíces de la rabia que se mantiene como forma de expresión familiar a través de generaciones. También se enseña a evaluar el estilo de resolución de conflictos, así como nuevas maneras de manifestar la rabia y resolver conflictos. Las familias con dificultades específicas como el divorcio o la muerte de los padres, problemas escolares o graves tensiones de cualquier otro tipo pueden encontrar en este apartado consejos y orientación para decidir si deben buscar la ayuda de un profesional. En el capítulo 5 se ofrece una información destinada específicamente a los diversos tipos de familias biparentales de la actualidad. El capítulo 6 está dedicado a los esfuerzos y logros de las familias monoparentales.

En la segunda parte se da información relevante sobre la evolución de los niños y las manifestaciones de la cólera en cada etapa. La tercera parte trata de cómo reconocer las antiguas reacciones negativas y cómo propiciar un nuevo modo realista y efectivo de controlar los inevitables berrinches, estallidos y discusiones que salpican cotidianamente la vida familiar.

En la cuarta parte se ofrecen estrategias para comunicarse, imponer la disciplina y resolver conflictos. Algunos capítulos están dedicados a enseñar al niño a solucionar los conflictos que puedan surgir con sus hermanos y compañeros de clase.

La quinta parte contiene tres capítulos sobre niños que plantean problemas especiales a los padres. Por último, la sexta parte es una recapitulación de todo lo aprendido, que anima a celebrar los logros obtenidos. El anexo final son una serie de consejos sobre cómo buscar ayuda profesional.

La razón más importante para leer este libro es que las estrategias y sugerencias aquí expuestas van a dar a tu familia la fuerza y la confianza necesarias para afrontar la rabia con un nuevo espíritu de colaboración y esperanza. Todos los consejos se basan en investigaciones sobre psicología evolutiva y familiar, además de apoyarse en la experiencia de los padres. Nuestros hijos crecen y cambian, igual que los padres. La familia, todos sus componentes, puede controlar la cólera. En este libro se explica cómo.

Meg Eastman

Agradecimientos

Meg Eastman quiere dar las gracias a sus seres queridos. Gracias a ustedes he aprendido a dominar mi propia rabia y he tenido la oportunidad de escribir sobre ello. Ustedes me han enseñado las verdades sobre las rabietas y la vida que expongo en este libro.

Mis abuelos me enseñaron que lo más importante es el cariño. La paciencia, la generosidad y saber perdonar nos ayudan a capear los temporales de ira.

Mis padres me dieron unos sólidos cimientos para levantar la confianza y la sensibilidad hacia los derechos de los demás. Con estos instrumentos he podido llegar a dominar el arte del compromiso y el pacto. Desde la confianza en que todo era posible, quise enseñar a los demás esos mismos instrumentos.

El apoyo para ayudar eficazmente a familias abrumadas por los conflictos me lo han brindado mis compañeros del Programa Infantil de Portland, la Universidad de Ciencias de la Salud de Oregón, la Universidad de West Virginia y Virginia Tech. Los instrumentos y estrategias de este libro han ido forjándose gracias a la estimulante oportunidad de trabajar con compañeros tan maravillosos.

Mi marido suele recordarme cariñosamente que, comprometiéndose y compartiendo, puede resolverse hasta el conflicto más serio. Puede hacerse que reinen la paz y la armonía.

Mi hija me enseña a diario que los conflictos son inevitables si nos esforzamos por crecer y amar. ¿Qué mejor que mis histéricas y contagiosas risas tras uno de mis particularmente ridículos ataques de nervios?

«Mis» familias, que han depositado su confianza en la terapia, me han ayudado a conservar el optimismo. Los conflictos brindan una maravillosa oportunidad para cambiar, si se saben aprovechar.

Mi compañera de trabajo Sydney ha transformado este libro: en él se reflejan su apoyo y energía positiva. ¿Qué mejor elogio que oír decir a Sydney (madre de dos niños muy normales): «¡Oye, este libro me ha hecho ser mejor madre!»?

Primera parte

Conocer el temperamento

1. Los múltiples rostros del temperamento

¿Te acuerdas del espléndido dragón verde y rojo de tu libro favorito de la infancia? En una página la bestia furiosa arrojaba fuego sobre los aterrorizados caballeros que habían osado cruzarse en su camino. En la página siguiente la temible criatura regresaba a su cueva en un silencio sepulcral. Hacia el final de la historia el dragón dormía echado en un rincón de la cueva, con las garras recogidas, las alas escamosas plegadas, encantador e inofensivo... hasta que volviera a despertarse.

Los berrinches acechan en todas las familias

El Dragón de la cólera presenta múltiples rostros dentro de una familia, igual que el caprichoso dragón de la literatura infantil.

Cuando los niños se sienten molestos, heridos, decepcionados o frustrados quieren que se entere todo el mundo. Lo expresan según su edad y temperamento y según el modelo aprendido de sus padres.

De igual modo, todos los padres, incluso los que se habían prometido no caer nunca en ella, sienten rabia y utilizan la palabra y el cuerpo como armas dirigidas contra sus hijos. Porque es natural el impulso de responder de la misma manera al enfado incontrolado del niño. Puede que te dé vergüenza reconocer que a veces te gustaría matar al

Dragón (o al menos contener a tu niño). O quizá desees desterrar al dragón a perpetuidad (o al menos castigar a tu niño o dejarlo sentado en una silla). Si eso no da resultado, te sientes impotente y tu mal humor aumenta.

Suele resultar difícil conservar la paciencia para hacer que las cosas funcionen bien, incluso cuando sabes lo que debes hacer para aplacar el enfado de tu niño. Porque ya se sabe que los padres perfectos no existen. Quien haya criado a un niño sabe que todos hacemos y decimos cosas de las que después nos avergonzamos. Todos nosotros hemos recurrido a gritos, pataleos y amenazas. Puede que hayamos caído en las mismas explosiones de rabia que tan mal nos parecen en nuestros niños. A veces nos gustaría estamparlos o marcharnos y dejar que otro se haga cargo de ellos. Muchos acabamos por seguir los mismos modelos que aprendimos (y que enseñamos a nuestros niños).

El modelo familiar de la rabia

El modelo de la rabia es familiar (los dragones particulares de cada familia) porque lo más probable es que lo hayas aprendido de tus padres. Lo viste tantas veces repetido en tu casa que automáticamente adoptaste idéntica conducta de mayor. Quizá ahora te preocupe que tu familia «no funcione» pese a tus buenas intenciones. Muchos padres transmiten estos dragones a sus niños y se preguntan: *¿por qué* está todo el mundo siempre tan fuera de sí?

No obstante, los niños actúan de manera distinta a los adultos. No les importa entender *por qué* se ponen fuera de sí. No buscan explicaciones tan profundas. Les basta con saber que están enfadados o que papá o mamá están furiosos. Los niños son capaces de relacionar su enfado o el tuyo con sus consecuencias, pero no pueden actuar de otra forma. Esa es tarea tuya como padre: aprender y enseñar formas nuevas y saludables de canalizar la rabia. Cambiando la forma de tratar la rabia en la familia resolverás tanto el problema de tu niño como el tuyo propio.

No pases por alto el importante mensaje de los cuentos de hadas de tu niño sobre los dragones furiosos. *El conflicto y la cólera son una parte normal de la vida familiar*. Cuando estalla la furia en tu casa puedes adoptar una de estas tres actitudes: asustarte, ponerte en pie de guerra o aprender a dominar al Dragón de la cólera. Si te anticipas a los conflictos y ves que se está fraguando una rabieta, puedes servirte de las sugerencias de este libro para abordar más tranquilamente el problema y encontrar una solución. Domar al Dragón presupone comprometerse a cambiar de hábitos y crear un final feliz a tu propia historia familiar.

2. Los berrinches

Comprender sus raíces

Es imposible vivir sin rabia por difícil que sea vivir con ella. La rabia puede ser una poderosa motivación para el cambio tanto en ti como en tu niño. El objetivo de este libro no es poner coto a las emociones de tu familia, sino ayudarte a reconocer, comprender y controlar la rabia y a darle curso de forma constructiva. ¿Que es más fácil decirlo que hacerlo? Pues claro. ¿Que es imposible? Eso sí que no. ¿Que es esencial para tus niños? Por supuesto, si quieres que de mayores sepan relacionarse adecuadamente con los demás.

Consideraciones sobre la rabia

Puedes empezar a comprender la poderosa emoción de la rabia y sus efectos en tu propia familia leyendo las páginas que siguen, dedicadas a las causas y los fundamentos de diversos problemas relacionados con la rabia.

Las diferencias de sexo en la rabia

Seguimos alentando diferentes expectativas para chicos y chicas, por mucho que vivamos en una época preocupada por la igualdad. Padres y educadores suelen reaccionar de forma distinta cuando se enfada un chico o una chica. Estamos más predispuestos a disculpar un acceso de ira en un chico que un berrinche o un llanto en una chica. La realidad es que tanto unos como otros necesitan aprender a canalizar su rabia sin violencia ni manipulación. La agresión no es más que una de las formas de manifestar la rabia o conseguir lo que se quiere, pero podemos enseñar a nuestros niños respuestas más pacíficas y constructivas.

Aunque hay estudios que indican que los chicos suelen ser más activos y desordenados, están en las mismas condiciones que las chicas de aprender modos seguros y eficaces para hacer frente a la frustración y aliviar la tensión. A medida que los niños crecen, actos y palabras se van convirtiendo en las herramientas fundamentales para calmar la rabia y resolver los conflictos. De todas maneras, en nuestra cultura se les enseñan actos y palabras muy diferentes a las chicas. Por ejemplo, a los chicos se les elogia por sus proezas físicas, tales como las habilidades atléticas o la capacidad para noquear a un «enemigo». Estaríamos ciegos si no nos diéramos cuenta de que en nuestra cultura cada vez abundan más los ejemplos de violencia en los medios de comunicación. En cambio, las chicas adquieren una posición por su aspecto o por su papel de promotoras de la armonía del grupo.

Existen notables diferencias en la forma en que los adultos reaccionan ante la rabia de las chicas o de los chicos. No nos resulta tan extraño un estallido agresivo en un chico e incluso solemos disculparlo, con lo que, sin darnos cuenta, estamos reforzando ese tipo de comportamiento. Y solemos responder al llanto de una chica consolándola, pero si se trata de un chico le decimos que no llore. Muchos padres animan a sus hijas a resolver sus problemas hablándolos y a mostrarse amables. ¿Actuarían igual si se tratara de sus hijos? ¿Les pedirían que resolvieran pacíficamente sus conflictos o les dirían que lucharan por sus derechos?

Los estereotipos por razón del sexo pueden empezar antes de ir al colegio, aunque es durante la educación primaria cuando adquieren toda su fuerza. La identificación con los amigos del mismo sexo es universal. Por más que los padres compren muñecos a los niños y camiones a las niñas, hacia los ocho años pocos son los niños que traspasan sin problemas las barreras tradicionales entre sexos. La autoestima, la identidad y la posición social dependen de su acoplamiento en el grupo de sus iguales.

Aun así, los padres *pueden* enseñar a sus hijos de ambos sexos a controlar su cuerpo y resolver los problemas hablándolos. Pueden enseñarles a convivir y hablar para hacer frente a las frustraciones y solucionar los conflictos.

En el capítulo 27 se da más información para padres con hijos agresivos.

Agresión

A los niños les gusta controlar. A medida que aprenden a cuidar de sí mismos, tienden a querer controlar a los demás. La agresión es una reacción aprendida, una de las manifestaciones más normales del Dragón. Aprendemos la conducta agresiva y la transmitimos a la siguiente generación porque el ataque suele ser «eficaz». Pero una cosa es la fuerza y otra la razón. Aparte de que no siempre gana el más fuerte y el que más grita.

«¡Es mío!» es el grito de guerra de Joey, que cuenta tres años de edad. Si algún otro niño quiere jugar con el mismo juguete que él, enseguida marca su territorio pegándole o dándole empujones. ¿Qué pueden hacer sus padres y profesores de la escuela infantil para ayudarle a controlar su agresividad antes de que haga daño a otro niño? ¿Se trata de una situación pasajera o de un síntoma de que algo funciona mal?

Berrinches

Los niños cuyos padres toleran o refuerzan (aunque sea indirectamente) sus berrinches corren el riesgo de sufrir problemas emocionales de mayores. Si los niños aprenden que con gimoteos y pucheros logran que otros hagan lo que ellos quieren ahora, de mayores serán egoístas y exigentes.

Heather, que cuenta 7 años de edad, y sus padres libran una auténtica batalla a la hora de irse a la cama. En cuanto su padre o su madre dicen «es hora de acostarse, cariño», Heather empieza a quejarse y a llorar hasta que hace berrinche y no para de repetir que ella no quiere acostarse y que no se va a acostar. Sus padres, que se sienten culpables por las muchas horas que han de pasar en sus lugares de trabajo, temen que los berrinches de Heather sean su manera de decirles «no me dedican suficiente tiempo».

Y entonces representan el ritual de la hora de acostarse, tranquilizándola, leyéndole y sentándose con ella a esperar a que se calme. Pero por mucho que estén con ella la niña no parece querer dormir sola, de manera que a la noche siguiente se repite el mismo ritual. Todos están tan irritables por la falta de sueño que parecen dragones furiosos. ¿Qué está pasando?

Puedes aprender a quitarle importancia a los berrinches, de modo que tu hijo no tenga motivos para utilizarlos. Puedes impedir que tu hijo te ponga a prueba sin que te quedes paralizado por el sentimiento de culpa. Los padres pueden enseñar a sus hijos pequeños otras formas de abordar los problemas y ayudarles a tranquilizarse y controlarse, incluso cuando están físicamente fuera de control. En los capítulos 9, 16 y 17 se dan consejos más concretos para hacer frente a los berrinches y enseñar estrategias para calmarse.

Violencia

El sentido común (y la historia) nos dice que los blancos más frecuentes de nuestra rabia son aquellos a quienes odiamos. Guerras, venganzas, agresiones y destrucciones son las manifestaciones típicas del odio a lo largo de la historia de nuestra especie. Con todo, las personas también pueden responder con cólera y agresividad a quienes aman. La cantidad de asesinatos, malos tratos a niños y violencia doméstica que se registra en nuestra sociedad son un buen indicador de la agresividad que anida y puede estallar en el seno de una familia.

Los niños que conviven con adultos violentos corren el riesgo de convertirse a su vez en adultos violentos. Los niños empiezan a identificarse con el agresor en la medida en que son incapaces de detener esa rabia. Nadie les enseña a resolver los conflictos de otra forma. La rabia se convierte en motivo para vengarse, tomar represalias o hacer daño. El ciclo crece y se transmite a la generación siguiente. La realidad de la rabia es que solemos causar daño a quienes amamos con más frecuencia de lo que pensamos.

Casi todos los padres han recurrido a dar un azote, sobre todo cuando se trata de niños muy pequeños que están a punto de hacerse daño. Pero aunque una nalgada puede resultar efectiva en el momento, no lo es a largo plazo. Las manifestaciones excesivas e inadecuadas de enfados son fuente de problemas. Gritos, berrinches, insultos y amenazas ponen al Dragón de la cólera en el disparadero. Ningún padre debería consentir, utilizar o tolerar ningún tipo de agresión verbal ni física como respuesta a la rabia.

Justin y Jason nacieron con quince meses de diferencia. De pequeños las peleas y puyazos entre ellos parecían un buena forma de canalizar el sobrante de energía y forjar «vínculos masculinos». Si se pasaban bastaba con darles un azote para que se separaran. Cuando los chicos empezaron a ir al colegio el conflicto era más intenso y violento. Cuando sus padres querían separarlos ellos empezaban a discutir acaloradamente sobre «quién había empezado» hasta que su madre o su padre, irritados, les daba una bofetada y los mandaba a cada uno a su habitación.

Ya antes de llegar a la adolescencia, Justin y Jason no podían montarse en el coche para ir a la compra sin gritar ni pegarse. Otros padres y sus profesores contaban que se peleaban con frecuencia. Incluso temían que pudieran estar saliendo con miembros de alguna banda. ¿Qué podían hacer sus padres para frenar la escalada de violencia de sus hijos? ¿Quedaba alguna esperanza o se les había ido de las manos el problema?

Los niños deben aprender que la violencia nunca es un modo aceptable de tratar los conflictos en la familia. Los padres pueden imponer la disciplina y fijar límites de manera que no quepa la violencia. Los consejos de este libro te ayudarán a ti y a tu hijo a resolver sin violencia los conflictos. Tu hijo puede servirse de ellos también para afrontar los conflictos con sus compañeros. Puede ser un muchacho desenvuelto y controlado y ganarse el aprecio teniendo calma. Los capítulos de la cuarta parte ofrecen muchas estrategias para que los padres enseñen a sus hijos a resolver conflictos.

Mal humor y broncas

La rabia esta justificada a veces. Los niños la manifiestan cuando se sienten heridos, tristes, abandonados, decepcionados, desplazados, celosos o abrumados.

La rabia puede ocultar la debilidad y ayudar al niño a sentirse firme y seguro. Pero también da lugar a confusiones e impide que los padres puedan ayudar. Los padres se convierten en blanco de la ira de sus hijos y se sienten igual de heridos, vulnerables y confusos que ellos. Y se preocupan: *¿Le pasa algo serio a mi hijo? ¿Cómo voy a saberlo si cada vez que lo intento averiguar todo son malas caras, enfados y broncas? ¿Cuándo acabarán estas peleas?* Comprender la evolución psicológica del niño (véase capítulo 3 y capítulos 8 a 12 de la segunda parte) permitirá a los padres prever cuándo son más propensos los niños a manifestar caras largas o cambios de humor.

Nate siempre había sido obstinado, pero ahora, a los doce años, su rabia y mal humor se estaban haciendo insoportables. Siempre tenía que tener razón y echaba a los demás la culpa de todo. Sus padres advirtieron que Nate estaba enfrentándose con nuevos retos y presiones, pero no sabían muy bien cómo manejarse con él. Siempre estaba enfadado. El menor comentario hacía saltar la chispa y acababa dando un portazo y encerrándose en su habitación.

Nate llegó a tener tan mal humor que sus padres temieron que pudiera deberse a las drogas. Llenos de angustia, trataron de acercarse a él, sin tomar en cuenta sus estallidos de rabia, dándole consejos y, finalmente, no dejándolo salir. No sirvió de nada. ¿Se podía hablar con Nate o había que resignarse a que la familia viviera en estado de guerra durante los próximos seis años?

¿Cómo ayudar a un niño que rechaza tus intentos de acercarte a él, que no se da por aludido, que se niega a escuchar, que pretende tener siempre la razón? Nuestros sentimientos no son más reales ni valiosos que los del niño o adulto con quien estamos enfadados. Enseñar a respetar los derechos de los demás y a ser sensible a sus sentimientos es un importante objetivo que puede alcanzarse al domar al Dragón de la Cólera. Los niños pueden aprender a sobrellevar las presiones y ganar autoestima si saben controlar sus propios sentimientos.

Cambios de la adolescencia

Los años de la adolescencia pueden resultar demoledores. Hasta el adolescente más seguro se siente abrumado en ocasiones. Surgen los agobios. Mantener el equilibrio entre tantos sentimientos, responsabilidades y las necesidades de los demás puede resultar demasiado complicado en ocasiones.

María tiene dieciséis años y siempre había parecido una santa por su amabilidad y buen carácter. Pero cambió al empezar a salir con chicos. Los chicos la llamaban constantemente para quedar con ella. Sus padres le habían informado sobre la sexualidad, la abstinencia y la contracepción, pero ahora, enfrentados con la realidad, estaban preocupados por lo que ella pudiera hacer.

Y eso lo vivía María como una presión más que le hacía estar más distante y enfrentada a ellos.

Aunque siempre se había mostrado próxima a su familia, María ya no tenía tiempo más que para el colegio, el trabajo y los chicos. Sus padres querían creer que sabía desenvolverse sola, pero cada vez estaban más preocupados. Las riñas con los novios fueron tan violentas que María parecía estar fuera de control. Ella había sido animada y responsable en el trabajo, pero ahora el jefe la reprendía por su «actitud». Lo peor de todo era que María trataba de ocultar sus problemas a sus padres. Cuando ellos quisieron abordarla, ella cerró con tal fuerza la mampara del baño que el cristal se hizo añicos.

¿Podía resolver María sus problemas con madurez o tenían que hacerlo sus padres por ella?

A casi todos los padres les asusta que sus hijos adolescentes sufran a causa de los errores que puedan cometer al ejercitar su recién estrenada libertad. Es difícil saber cuándo se pasa uno o no llega. A veces, querer controlar provoca broncas y distanciamiento.

Tú puedes hacer que tu colérico adolescente vaya ganando en independencia y afirmación. En esa etapa las claves para domar al Dragón son aprender a manejar el agobio, negociar y resolver los problemas. Los adolescentes van aprendiendo a ser cuidadosos y responsables si los padres saben cómo guiarlos.

El berrinche como motivación

Es posible que estés leyendo este libro porque te moleste la intensidad y la frecuencia de la rabia de tu niño. Pero no todo es malo. ¡Tu niño te ha motivado! El cambio es posible. Por ejemplo, la rabia puede hacerte caer en la cuenta de ciertas necesidades y responder a ellas. La rabia puede ser una eficaz válvula de escape para las tensiones. Puede ayudar a corregir errores. La rabia, bien empleada, puede conseguir resultados; en resumidas cuentas, te puede obligar a crecer, adaptarte y cambiar.

Al leer este libro vas a aprender a reconocer y tratar con las presiones y frustraciones que dan lugar a los estallidos de rabia en ti y en tu niño. Podrás ayudar a tu niño a expresar la rabia adecuadamente e impedir que desemboque en amargura y resentimiento. A medida que vayas aprendiendo a domar al Dragón de la cólera en tu familia, desecharás las confianzas injustificadas y los comportamientos destructivos que han podido hacerte sentir frustrado, paralizado y sin esperanzas.

Este libro te va a ayudar a empezar y te va a servir para avanzar e ir consiguiendo paso a paso objetivos realistas, siempre que *tú* cambies de actitud *antes de que tu niño pueda cambiar*. Tú puedes razonar en pleno acaloramiento, pero un niño furioso no sabe utilizar la lógica. Puedes aprender mucho si miras la rabia «desde el punto de vista del niño».

Si los niños se dan cuenta de que los mayores oyen (y comprenden) lo que ellos dicen, se muestran en mejor disposición de escuchar. Si tu comprensión y confianza crecen podrás transmitir a tu niño una sensación de seguridad. Así es como los conflictos dejarán de convertirse en batallas enconadas y se transformarán en hitos para el cambio.

Tú puedes domar al Dragón en tu familia. Pero no esperes resultados inmediatos. El proceso de cambio es lento y debes ser realista. Deja que se asienten las ideas que vas a leer. Adáptalas a tu propio estilo y situación. Cuando sepas lo que es normal y lo que no estarás en mejores condiciones para enfrentarte con el Dragón cuando salga de la cueva.

3. ¿Qué es un enfado «normal»?

La rabia obedece a tantas causas y motivos que puede resultar difícil entenderla y sobre todo saber cómo manejarla. Los padres pueden quedarse paralizados por la culpa y la indecisión. Puedes estar tan ofuscado por tu propia rabia que sólo quieras atacar. Puedes estar tan preocupado por la «auténtica» causa de la rabia de tu niño que no aciertes a adoptar las medidas adecuadas. El Dragón de la cólera se hará más fuerte y destructivo si no empiezas a cambiar.

Tu niño, igual que todos los niños, ha llegado seguramente a una etapa en la que surgen serios problemas relacionados con enfados y los cambios bruscos de humor. (Hay niños que se pasan la infancia de berrinche en berrinche). Intelectualmente ya sabes que la rabia es una forma normal de manifestar el enfado, el dolor, el temor, la confusión y la frustración tanto en los niños como en los adultos. Pero cuando el sentimiento de rabia de tu niño te desborda una y otra vez, necesitas ayuda. Puede que tu familia atraviese un periodo de mucha tensión y entonces no sirva de mucho dar rienda suelta al mal humor.

A lo mejor tu niño, siendo perfectamente normal, se halla en una fase dominada por la rabia que no viene explicada en ningún libro para padres de los que puedas tener.

O quizá tu niño ha empezado a manifestar arrebatos de furia más intensa que te dejan preocupado y preguntándote: *¿Por qué pasa esto?*

¿Soy un mal padre? ¿Por qué actúa así mi niño? ¿Cómo puedo ayudarle? ¿Es una fase comprensible o va a ser siempre así?

Te preguntarás sobre todo *si su cólera es normal, si se trata de una fase o si el niño tiene un grave problema y cómo averiguarlo.*

La rabia se convierte en problema dentro de la familia cuando:

- Es demasiado frecuente.
- Es demasiado intensa.
- Dura demasiado.
- Provoca agresiones.
- Enmascara otros sentimientos.
- Perjudica las relaciones familiares y laborales.
- Escapa a nuestro control.
- Hace daño a otras personas.

Los motivos de los berrinches

Hay niños que siempre están encolerizados. Cualquier cosa, por pequeña que sea, provoca una molestia o un estallido. ¿Por qué sienten rabia los niños? ¿Cuándo se convierte la rabia en problema? Si puedes responder como padre a estas preguntas estás en camino de dar con soluciones que funcionen.

Puedes decidir si la rabia es un problema para tu niño mirando los siguientes *motivos* y cómo le afectan.

Presiones

La tensión de la vida cotidiana puede desbordar hasta a los niños pequeños. ¡Deprisa, deprisa! ¡Rápido, rápido! Los adolescentes pueden sufrir tantas exigencias contradictorias que les resulte difícil saber cómo hacerles frente. Es normal buscar una válvula de escape después de una jornada dura. Los chicos están encolerizados con razón si han estado sometidos a demasiadas presiones y se sienten fuera de control.

La rabia se convierte en problema cuando los chicos no pueden afrontar las presiones. Si un niño se siente presionado constantemente, puede estar siempre susceptible, malhumorado e irritable. La furia es su manera de desahogarse. Por desgracia, esa furia destructiva se vuelve en su contra, pues aumenta la tensión. El niño gasta tanta energía en esas batallas que no le queda nada para manejar las presiones o resolver el problema.

A medida que el conflicto se agrava, tú, como padre, te puedes sentir tan desbordado aplacando su furia que tampoco te queda tiempo ni energía para descubrir la causa de su rabia o prevenirla.

Conflictos

Todas las familias tienen conflictos. Hermanos y hermanas compiten entre sí para que se les haga caso y se atiendan sus necesidades. Los padres formulan exigencias que los niños no pueden (o sencillamente no les da la gana) satisfacer. Las frustraciones y desacuerdos crean tensiones que acaban en enfados. Es normal encolerizarse durante un conflicto. La rabia puede servir de acicate para dar con soluciones, siempre que los padres sepan cómo guiar a sus niños a compromisos y acciones constructivas.

La rabia se convierte en problema cuando los chicos no pueden resolver los conflictos pacíficamente. Hay chicos muy susceptibles. Incapaces de un compromiso, de mostrar acuerdo o desacuerdo o de llegar a una tregua. Utilizan las palabras como armas arrojadizas en vez de usarlas como herramientas para la paz. Cuando no consiguen con palabras lo que se proponen, recurren a la fuerza física. Pero la venganza no soluciona nada. Este tipo de niños suele tener más interés en quedar por encima a toda costa que en resolver los problemas.

Etapas evolutivas

Los niños atraviesan diversas etapas evolutivas durante su crecimiento. En los capítulos 8, 9, 10 y 11 se muestra que la rabia es inevitable cuando los niños tratan de manejar los cambios en sus cuerpos y sus sentimientos. La rabia es normal cuando los niños entran en fases nuevas y aprenden cosas nuevas. Tú, como padre, tienes que mantener el equilibrio entre lo que necesitas hacer y lo que tu niño ya puede hacer por sí mismo. Las batallas por el control ayudan a las familias a decidir quién se responsabiliza de qué cosas en cada momento.

De todas maneras, los niños han de aprender a tener autodisciplina a medida que van creciendo. Tienen que entender que es normal sentir rabia, pero que hacerse mayor significa aprender a controlarla y a hacer las paces consigo mismo y con los demás.

La rabia se convierte en problema cuando los niños no aprenden a dominarla. Los niños coléricos se quedan anclados en la mentalidad infantil: La ley del más fuerte, *¡yo primero!*

La agresión y el dominio son lo primero. Los niños coléricos no han aprendido a controlar el cuerpo para poder calmarlo en pleno ataque de furia. Los niños agresivos aún no han aprendido que *los problemas pueden resolverse hablando* y *que todos pueden ganar.*

Baja autoestima

Una parte vital de la vida familiar depende del grado de satisfacción con nosotros mismos y de cómo nos quieren. Es normal que todos nos sintamos a veces abandonados, postergados, desplazados o celosos. Cuando nos sentimos heridos tenemos deseos de maldecir o de hacer críticas mordaces. Pero eso es fuente de males mayores. En cambio, compartir sentimientos y ser comprendidos contribuye a forjar la certidumbre de que somos queridos.

Es normal que los niños muy pequeños manifiesten la tristeza y la sensación de pérdida a través de furiosos berrinches. Los niños suelen expresar la tristeza en forma de rabia. Pero cuando van creciendo es esencial que vayan aprendiendo a tratar la pena y el dolor de forma constructiva.

La rabia puede convertirse en un serio problema para el niño dolido. Experiencias traumáticas, el divorcio, la muerte, la violencia ejercida sobre ellos pueden causar un grave daño. El dolor puede llegar a ser tan avasallador que lo demás no importe. Los niños pueden creer erróneamente que nadie puede ayudarlos. Quizá intenten hacer ver lo dolidos que están tratando de hacer daño a otros. Lo más triste de todo esto es que su furia suele apartar de su lado a quienes los quieren y pueden ayudarlos. Es muy doloroso ir a ayudar a tu niño y encontrártelo de nuevo en pleno acceso de ira.

¿Es colérico tu niño?

La siguiente lista te ayudará a saber si tu niño se ha convertido en un niño colérico. Cuantas más respuestas positivas, mayores probabilidades habrá de que así sea.

- Estalla si hay presión.
- No sabe afrontar el cambio y la tensión.
- Se enfurece en situaciones de pérdida, dolor, daño, frustración o decepción.
- Pasa del enfado a los gritos, berrinches y agresiones.
- Es incapaz de calmarse cuando se encoleriza.
- Pelea a menudo con los demás.
- Utiliza las palabras como armas arrojadizas.
- Echa la culpa a los demás.
- Busca venganza.
- No asume responsabilidades.
- Carece de autocontrol.
- Tiene baja autoestima.

- No tiene en cuenta ni los sentimientos ni los derechos de los demás.
- No sabe llegar a compromisos.
- No sabe negociar.

¿Eres un padre colérico?

¡No te desesperes! Hay días en que parece que la lista anterior está hecha para nosotros (y también la que viene a continuación). Cuanto mejor conozcas y entiendas el comportamiento colérico de tu niño y el tuyo propio, estarás en mejores condiciones de rectificarlos.

La siguiente lista te ayudará a saber si eres rabioso.

- Crees que los conflictos y problemas familiares no acabarán nunca.
- Reaccionas desmesuradamente al menor incidente o tensión.
- Te sientes desbordado por excesivas exigencias y presiones.
- No puedes relajarte.
- No sabes hasta dónde es normal la rabia por tu propia historia familiar.
- No sabes lo que puedes esperar de tu niño en cada fase evolutiva de su crecimiento.
- Te encoleriza la rabia de tu niño.
- Te da pánico y te paraliza la rabia de tu niño.
- Discutes con tu cónyuge o tus padres por causa del niño.
- No sabes reconocer tus errores.
- Temes disculparte.
- No sabes llegar a compromisos.
- Te has convertido en el árbitro o el vigilante de tus niños.
- Castigas en vez de fomentar diálogo y comprensión.
- Pones tu autoridad por encima del respeto mutuo.

- Crees que nunca se solucionan los problemas.
- No sabes crear un ambiente de paz en tu familia.

La forma de responder a la rabia es fundamental para domar al Dragón. En los capítulos 4 a 7 aprenderás más sobre tus sentimientos de rabia y cómo transformarlos. Tu objetivo será enseñar a tu niño a responder a la rabia con el autocontrol.

Puedes convertirte en un pacificador. Puedes enseñar a tu niño a dominar al Dragón furioso y a comunicarse y resolver los problemas tranquilamente.

4. Las rabietas de los padres

A los ojos de un niño, el peor Dragón de todos es el mal carácter de los padres.

Cuando eres el blanco de la rabia de tu niño es normal que quieras devolvérsela y tomar represalias. Antes de hacerlo, no olvides que tus ataques verbales poseen una capacidad de destrucción muy superior a cualquier berrinche infantil.

Por muy irresponsable y fuera de control que te sientas en ocasiones, tú, el padre, eres el responsable último de cómo se expresa tu rabia y la de tu niño en casa, en el colegio y en sociedad. Es verdad que se trata de una responsabilidad enorme, pero no te sentirás solo al asumirla. Puedes echar mano de tu sentido del humor, tu gran capacidad de amor hacia tu hijo y las numerosas ideas, informaciones y consejos guardados en este libro como en la cueva de un dragón. Aprenderás a controlar tu rabia y luego la de tu niño.

Puede que te preocupe ser el causante de los problemas de tu niño y que en tu familia la rabia sea demasiado compleja y esté demasiado afianzada como para resolverse. En vez de dejar que la culpa te paralice, utilízala como motivación. Puedes empezar a cambiar modificando expectativas y reduciendo tensiones en ti mismo y en tu niño. Amor, humor y comprensión pueden domar al Dragón. Si perseveras, provocarás cambios positivos en ti y en tu niño.

Cuatro estilos de padres

Al leer las siguientes descripciones y ejemplos probablemente te reconozcas en más de una ocasión. No olvides que la clave de todo buen autoexamen es mantener tu sentido del humor y de la realidad, así como la mayor objetividad posible para encarar los problemas del conflicto y los enfados. No tienes la culpa de tu conducta actual, pero sí la responsabilidad de buscarle soluciones.

Apaciguador: dejar actuar a la fiera

El estilo apaciguador de padres suele relacionarse con la filosofía permisiva de los años sesenta, pero posee raíces más hondas en nuestra cultura. La idea clave de los padres permisivos de todos los tiempos es que los niños son seres únicos y valiosos cuyas cualidades aflorarán a su debido tiempo.

Los padres «apaciguadores»:

- Dan mucha importancia a la libertad de expresión verbal y artística.
- Creen que los niños mostrarán de modo natural tendencias altruistas.
- Creen que la rabia y demás emociones «negativas» deberían entenderse como expresiones de la creatividad del niño. Si el niño tiene una rabieta o expresa un enfado de forma inadecuada, los apaciguadores creen que una discusión racional basta para motivar al niño a ser más cuidadoso y responsable.
- Pueden no fijar límites adecuados por temor a reprimir al niño.

El estilo apaciguador puede funcionar bien con un niño sensible y consciente de los derechos de los demás, pero resulta inadecuado con un niño muy violento, que se enfade con facilidad y sea difícil de consolar. Pretender que un niño así atienda razones y la persuasión es pedir peras al olmo. Cuando estalla la rabia, un niño «violento» necesita límites. Sin esa protección, el niño se hará cada vez más incontrolable y hasta el padre más pasivo se verá obligado a tomar medidas.

Ryan, que cuenta siete años de edad, irrumpió en la sala de estar donde sus padres estaban dando una fiesta. Fue derecho a la mesa de los aperitivos, se llenó la boca y después se sentó al piano y anunció (entre perdigones de queso rallado): «¡Voy a divertirlos!»

Mientras Ryan aporreaba el piano sin ton ni son, algunos invitados se volvieron molestos hacia sus padres con la esperanza de que reprendieran a aquel niño tan maleducado y lo mandaran a la cama. Pero la madre de Ryan se limitó a ponerle la mano en el hombro y decirle titubeante: «Ryan, cariño, creo que ha llegado la hora de terminar tu recital y dar las buenas noches a nuestros buenos amigos...»

Ryan se sacudió muy enfadado la mano de su madre y gritó a pleno pulmón: «¡No! ¡Quiero tocar el piano!» Los padres de Ryan se miraron con una sonrisa de impotencia, se encogieron de hombros y dejaron que siguiera con el concierto. «Ya sabes», susurró su madre a la invitada que tenía más a mano, «Ryan es un niño con talento».

El dictador: la ley del más fuerte

En el otro extremo de la escala se encuentran los padres dictadores. Creen que su autoridad debe ser respetada incondicionalmente.

Los padres «dictadores»:

- Esperan que los niños obedezcan todas las normas impuestas por los adultos y hagan lo que esperan de ellos.
- Fijan límites claros. Cuando se infringe una norma, el castigo es inmediato e inevitable.
- En sus normas no hay lugar para la flexibilidad, la negociación o la respuesta por parte del niño. Este tipo de padres son rígidos porque necesitan controlar y suelen llevar mal los intentos del niño por controlar.

- Toman por rebelión lo que no es más que afirmación de independencia por parte del niño. Responden con más normas y disciplina agresiva o castigo corporal.
- No dejan crecer a los niños.

Los niños hiperactivos y agresivos suelen estar férreamente controlados por los estrictos límites de este tipo de padres. De pequeños o al entrar en la adolescencia (periodos en que resulta vital para el niño la sensación de que ellos controlan), los niños que viven en familias así no tienen mucha autonomía ni se les deja mucho espacio para la iniciativa propia. Pueden hacerse muy resentidos y desafiantes y no saben aplacar su ira ni expresar constructivamente sus sentimientos.

Es difícil que un niño aprenda empatía, perspectiva y compromiso si su padre es rígido y dogmático. Los conflictos y las batallas por el control agravan las cosas. Los problemas irán en aumento salvo que el padre dictador adopte otro estilo de disciplina que fomente la comprensión, la empatía, el respeto y la responsabilidad mutua a la hora de resolver los conflictos.

«Tienes que limpiar tu habitación, Mary Linn», dijo el padre a su hija desde el pie de la escalera. Mary Linn asomó la cabeza por el hueco y dijo: «Voy por la mitad de un capítulo francamente bueno del libro. ¿Puedo limpiar mi habitación dentro de media hora?»

El padre enrojeció de ira y subió las escaleras de dos en dos. Al llegar donde estaba su hija le gritó: «¡No, no puedes limpiarla dentro de media hora ni dentro de medio minuto! ¡Tienes que limpiarla ahora mismo! ¿Entendido, señorita?»

Mary Linn retrocedió y preguntó tranquilamente: «Pero, ¿por qué no puedo esperar a terminar el capítulo, papá?»

Su padre rugió: «Porque yo soy tu padre y yo digo que tienes que limpiar tu habitación ahora mismo! ¡Así que ya estás empezando!» Mary Linn se metió en su habitación y obedeció la orden de su padre.

Su padre no pudo ver cómo tiraba las cosas por la habitación ni pudo oír sus expresiones furiosas.

Angustiado: el síndrome de la inseguridad

Se hacen muchos chistes sobre los padres angustiados que no ven más que catástrofes y calamidades por todas partes. En lugar de admirar el orgullo de su niña de tres años al ponerse sola los zapatos, la madre le dice que se ate los cordones. En lugar de hablar de valores y elecciones responsables, el padre se limita a decir: «No sales.» Los padres angustiados intentan controlar todos los aspectos de la vida de los niños.

Los padres «angustiados»:

- Suelen tener mucha ansiedad y se alteran con facilidad. Si el bebé llora ellos se inquietan enseguida, con lo que sin querer le provocan más tensión al bebé.
- No saben tranquilizarse y «sintonizar» con sus niños pequeños.
- Responden con charlas, avergonzando o echando la culpa, por lo que son incapaces de imponer disciplina.
- Les da pánico que los adolescentes vayan siendo independientes. Cuando el adolescente se equivoca, el padre angustiado pone el grito en el cielo. El adolescente, temeroso de mostrar sus fracasos, se retrae.
- Es incapaz de ayudar a sus hijos adolescentes.

Como los padres suelen enmascarar sus acciones bajo el manto de la ayuda, el niño cree que no puede cuestionar su autoridad, ni plantear sus necesidades, ni responder con rabia. Cree que debe contribuir a la mitología del «buen padre».

No está bien discutir con mamá ni decirle que tomo mis propias decisiones. Pensará que lo ha hecho mal conmigo... o me criticará y me reñirá más. Si le digo cómo me siento tendré menos libertad todavía, así que no voy a decirle nada. Estos niños aprenden a evitar el conflicto a toda costa.

Los niños de padres angustiados pueden llegar a ser muy retorcidos a la hora de expresar su frustración y su rabia. Son frecuentes los actos de venganza y sabotaje. Estos niños también corren el riesgo de convertirse en mártires o presentar alguno de los siguientes problemas gracias a sus «buenos padres»:

- Fobias.
- Problemas para comer.
- Trastornos del sueño.
- Enfermedades imaginarias.

No pueden manifestar su furia y resolverla directamente, por eso libran la batalla por el control en su propio cuerpo. Estos niños pueden controlar su cuerpo, aunque el control sea destructivo. Como son incapaces de agradar a sus padres, se convierten en maestros en decepcionarlos.

Los adolescentes pueden poner en práctica un método muy poderoso para vencer al «buen» padre: declararse en huelga. Cerrarse, no decir cómo se sienten, impedir que invadan su intimidad y libertad. Guardarse información les da a los adolescentes una sensación de control. El silencio crea la distancia necesaria. Una vida secreta les da sensación de libertad. Pero esto se convierte en un círculo vicioso. Cuanto más quiera entrometerse el padre, más se cerrará el niño; cuanto más se preocupe el padre, más furioso se pondrá el adolescente. Estallará el conflicto. Se levantarán muros de resentimiento.

Los niños que necesitan controlar y saben comunicarse bien pueden aprender a manipular al padre angustiado, utilizando su miedo a la crítica y el fracaso. En vez de declararse en huelga pasan al ataque. Hartos de charlas y sensación de culpa, dicen:

«Si no me dejas, no volveré a dirigirte la palabra», «Quiero ese vestido y si no me lo compras se lo pediré a la abuela, que ya sabe lo mala madre que eres...»

El maestro: el niño puede aprender a controlar al Dragón

El padre «maestro» da a sus niños información, formación y opciones para resolver los problemas. Conserva el sentido del humor y hace que aprender sea divertido. Suelen tener soluciones creativas que dan al niño sensación de control. Recuerdan que en todas las familias hay conflictos y saben que la rabia puede ayudar al crecimiento y el cambio.

Los padres «maestros»:

- ❋ Se comportan como referencia y consulta para sus hijos.
- ❋ Ponen límites a las expresiones inadecuadas de rabia.
- ❋ Ponen ejemplos de sensibilidad, nobleza y consideración.
- ❋ Fomentan la comunicación directa.
- ❋ Toman los problemas como ocasiones de aprendizaje para la familia.
- ❋ Fomentan la discusión democrática de las soluciones.
- ❋ Predican el autocontrol con el ejemplo.

El padre «maestro» busca la causa de la rabia de sus niños, pero no se detiene ahí. Trabaja conjuntamente con ellos para encontrar soluciones a los conflictos. Si un método falla, tiene la flexibilidad suficiente para ensayar otros. Se da cuenta de que la mejor enseñanza es su propia forma de manifestar la rabia.

En este libro vas a aprender técnicas y sugerencias para convertirte en un padre «maestro». En el siguiente ejemplo, los padres de Tom aprenden a trabajar juntos con estilo «maestro» para ayudar a que su hijo se autocontrole y dome el Dragón de la cólera.

Tom, que cuenta doce años de edad, había sido siempre un niño «difícil». Tenía el genio muy vivo y lo sacaba a relucir, al parecer, en los momentos más inoportunos. A los profesores no les gustaba su lenguaje, ni a sus compañeros su violencia. Los padres de Tom ya sabían que en cada nuevo colegio o con cada nuevo amigo enseguida recibían la llamada de algún padre preocupado.

No habían sabido cómo manejar a su hijo durante años. La madre, que procedía de familia de militares, era partidaria de la mano dura y los castigos severos. Los padres del padre habían sido alcohólicos; él siempre estaba preocupado por la causa de la rabia de Tom. Creía que ni él ni su mujer habían dado con las raíces auténticas de los problemas de Tom, por más que hubieran pasado años hablando y preguntándole a Tom por qué se comportaba así.

Creían que ya lo habían probado todo. Y se sentían frustrados y paralizados por la indecisión. Les preocupaba que su hijo acabara metido en alguna banda o enganchado a las drogas.

Los padres de Tom adoptaron las siguientes medidas para ayudar a su hijo a controlar su rabia:

Buscaron un lenguaje común. Pese a sus estilos e ideas diferentes, se pusieron de acuerdo en dos cosas: a) Tom era casi adolescente y debía controlar su rabia; y b) Tom no tenía ni idea de cómo controlar su genio.

Buscaron ayuda. Se reunieron con dos maestros y hablaron con el mejor amigo de Tom. Todos coincidieron en que Tom necesitaba controlar su genio y en su voluntad de ayudarlo a conseguirlo.

Hicieron partícipe a Tom. Los padres se dieron cuenta de que Tom estaba resentido con los adultos porque siempre estaban discutiendo «su» problema. Entendieron por qué creía él que los padres y demás personas que había en su vida querían «controlarlo». A partir de entonces Tom iba a trabajar conjuntamente con las personas que lo cuidaban para resolver el problema de su rabia.

Explicaron detalladamente a su hijo lo que esperaban de él y le fueron dando responsabilidades. Lo primero que hizo Tom fue concertar entrevistas con sus padres por separado, sus dos maestros y su mejor amigo. En cada una de ellas debía recoger ideas sobre cómo ellos controlaban su genio y resolvían los problemas.

Hicieron el seguimiento en el colegio. Tom y sus padres mantuvieron una reunión con el profesor de ciencias sociales y consiguieron autorización para que Tom escribiera un trabajo sobre estrategias no violentas de resolución de conflictos. Llegó a formar parte de los «mediadores», un grupo de alumnos cuya función consistía en estar disponibles en los pasillos y a la hora de comer para que los compañeros pudieran acudir a ellos como mediadores en los conflictos.

Se sirvieron de ejemplos sacados de sus propias vidas para ayudar a Tom a imaginar formas de resolver sus problemas de cólera y para que comprendiera que las iba a necesitar a lo largo de toda su vida. Los padres de Tom le comentaron sin rodeos la frustración que experimentaban en el trabajo diario y le pidieron consejo. ¿Cómo podían evitar odiar a sus jefes, que se habían beneficiado de su trabajo y su esfuerzo? ¿Cómo podía afrontar el padre de Tom la presión de sus padres divorciados e ir a casa de ambos el Día de acción de gracias?

Hicieron comprender a Tom que los conflictos eran inevitables, pero que ganaría en consideración y aprecio de los demás si aprendía a resolverlos con calma. Aprendió ideas nuevas sobre resolución de problemas, aunque le costó tiempo ponerlas en práctica debido a su mal genio. Un día preguntó a su entrenador cómo podía controlar su rabia y conservar la concentración durante las competiciones. El entrenador le indicó algunas estrategias de tipo físico que Tom empezó a aplicar en muchas situaciones.

Fijaron normas claras para ayudar a Tom a controlarse. Al igual que todos los chicos, Tom seguía necesitando la «red protectora» de perder privilegios y añadir más obligaciones. Seguía necesitando que su padre le contara por qué estaba tan encolerizado. Pero Tom aprendió que no solía saber por qué hasta mucho después.

Al aprender a controlarse, Tom aprendió a controlar a su Dragón de la cólera. Su genio disminuyó. Sus amigos dejaron de darle esquinazo.

Sus padres ya no se sentían frustrados y paralizados, sino confiados en su nuevo papel de maestros y modelos del control de la cólera.

AVERIGUA CUÁL ES TU ESTILO

Para poder ayudar a tu niño, antes debes afrontar tu propia cólera. El primer paso es averiguar en cuál de los cuatros estilos de padres encajas. Piensa cómo responderías a las siguientes situaciones. (Vale elegir más de una respuesta.)

1. *Tu hijo de tres años ha estado un poco raro todo el día. Tras un berrinche tremenda lo obligas a echarse la siesta. Él te muerde.*

a) Le devuelves el mordisco diciendo: «Para que veas lo que duele.»

b) No haces caso y le meces para que se duerma.

c) Te preocupas por lo que pueda estar pasándole y pides consejo a alguien.

d) Le dices: «Morder no está bien. Después de que duermas, ya hablaremos de lo que hay que hacer cuando uno se enfada.»

2. *Tu hija preadolescente se escapa de sus obligaciones. Cada vez que se lo pides acaba en bronca. Promete haber limpiado su habitación para cuando tú vuelvas del trabajo. Cuando llegas ves que lo tiene más desordenado que nunca.*

a) La castigas sin salir hasta nueva orden.

b) Le das otra oportunidad porque dice que ha tenido que hacer muchas tareas.

c) Le das la enésima charla sobre por qué ha de aprender a ser más responsable, cuánto trabajas tú en la casa y cuánto mejor la pasarían juntos si ella limpiase su habitación antes de que tú vuelvas del trabajo.

d) Cierras la puerta y le dices que, según lo acordado, está castigada sin teléfono, televisión ni amigas hasta que limpie su habitación.

3. *Tu hijo tiene una pelea en el recreo y golpea al profesor que intentaba separarlos.*

a) Le das la tunda de su vida.

b) Le crees cuando te dice que empezó el otro y que el profesor tiene fama de duro y debe de estar exagerando.

c) Te preocupa la baja autoestima de tu hijo y que pueda desprestigiarse. No te pones de acuerdo con sus profesores sobre cómo actuar porque no sabes muy bien qué es lo que le pasa.

d) Le dices que los golpes y la violencia carecen de toda justificación, independientemente de la causa de su cólera o del comportamiento de los demás. Le pides que ponga en práctica otras formas de resolver el problema, de manera que cuando pida disculpas, explique lo que va a hacer para que no vuelva a repetirse la pelea.

4. *Una amiga suya ha roto una cajita de música de tu hija. Tu hija te dice con orgullo que no ha tomado represalias contra ella. Pero más tarde te enteras de que tu hija ha estado lanzando rumores sobre la otra chica.*

a) Ordenas a tu hija que vaya al colegio y diga a todo el mundo que ha mentido y, si no lo hace, la castigas.

b) Comprendes que tu hija se sintiera herida y tratas de consolarla.

c) Te preocupa el desprestigio de tu hija si reconoce haber lanzado rumores. Te preocupa que se rompa su amistad e intentas arreglarlo con una fiesta de compromiso.

d) Comunicas a tu hija que es asunto suyo decidir cómo arreglar las cosas con su amiga. Ensayas con ella cómo decirle el disgusto que le causó que le rompiera la cajita de música. Comunicas a tu hija que, hasta que lo haga, deberá realizar una hora extra de recados cada día.

5. *Tu hijo es muy cuidadoso con su trabajo, a veces raya en el perfeccionismo. Ha estado enfermo. El día que volvió a clase suspen-*

dió un examen de matemáticas. Llamó (insulto borrado) al profesor y se negó a presentarse al director cuando lo castigaron.

a) Dices a tu hijo que debe respetar la autoridad y le haces disculparse inmediatamente con el profesor.

b) Comprendes que tu hijo lo ha pasado mal y hablas con él de cómo se siente.

c) Te preocupa que tu hijo empiece a sacar malas calificaciones y le dices que debe esforzarse más.

d) Comunicas a tu hijo que todos tenemos días malos y a veces perdemos los estribos. Tú sabes que él se esfuerza más que nadie. Le das un día para pensar cómo perdonarse a sí mismo y trazar un plan de rectificación.

Si la mayoría de las respuestas son «a», eres un dictador. Este estilo te hace muy propenso a atacar y ser demasiado rígido. Tu objetivo en este libro será aprender modos colectivos de resolver los conflictos.

Si la mayoría de las respuestas son «b», lo más probable es que seas un apaciguador. No deberías disculpar ni tolerar los estallidos de cólera de tu niño. Tu objetivo será aprender técnicas efectivas de disciplina.

Si la mayoría de las respuestas son «c», ante cada situación te domina la indecisión y querrías tener más información. Si este sencillo cuestionario te paraliza, te puede resultar muy difícil tomar decisiones en pleno conflicto. Tu objetivo será aprender a actuar con decisión.

¡No te preocupes si la mayoría de las respuestas son «a», «b» o «c»! Es normal. Todos reaccionamos de forma distinta, según nuestro humor y nivel de energía. A todos nos gustaría marcar las respuestas «d», que teóricamente son razonables. En la práctica parece imposible mantener la calma y la racionalidad. ¡Pero así es como se logra el autocontrol! Tú y tu hijo pueden aprender el estilo maestro de controlar los berrinches.

En una familia biparental ambos padres deben trabajar juntos para enseñar a los niños formas constructivas de tratar la cólera. El capítulo 5 ofrece ideas al respecto, aun en los casos en que los estilos de uno y otro no coincidan.

5. Familias biparentales: estilos de solución de problemas

La rabia es una emoción difícil porque exige respuesta. Cuando afecta a la familia, cada uno de sus componentes reacciona de manera diferente. En familias biparentales probablemente sea diferente el estilo de cada uno de los padres a la hora de manifestar la cólera (qué y cómo se dice). Las respuestas que satisfacen a tu niño puede que no resulten aceptables para uno de los padres u otro miembro de la familia. El resultado puede ser un conflicto, no sólo entre tú y tu hijo, sino entre padre y madre.

En una familia «ideal» ambos adultos deberían compartir responsabilidades por igual y dar apoyo a los niños. Pero si te propones una situación perfecta estás condenado a una sensación de fracaso. Porque en la realidad las parejas practican una división del trabajo en relación con la familia que no es exactamente igualitaria sino basada en sus respectivos intereses, energías, caracteres y horarios de trabajo.

El estilo familiar de resolución de conflictos y problemas servirá de modelo a tu niño de por vida. Este capítulo repasa los estilos de resolución de conflictos y problemas más típicos en las familias de hoy en día. Te servirá para identificar el estilo de tu familia y para que ambos padres cooperen en domar al Dragón.

La transmisión de estilos familiares

Al igual que las historias, conocimientos y herencias, los modelos familiares se transmiten de generación en generación, pero rara vez se examinan de cerca. Los modelos proporcionan el marco de lo que se considera «normal» dentro de una familia concreta. Tú reconoces mejor tus propios modelos y estilos al fundar un hogar y tratar de combinar dos formas diferentes de encarar las cosas. Al ser padres, los modelos y compromisos válidos para la pareja pueden dejar de serlo en adelante. Los conflictos entre los estilos de los padres pueden provocar tensión entre los niños.

Comencemos el capítulo considerando unas cuantas preguntas básicas.

1. ¿Tu familia es una dictadura o una democracia?
2. ¿Tienen algún modo de exponer quejas y preocupaciones?
3. ¿Hablan de los temas que surgen o evitan algunos?
4. ¿Toman las decisiones de modo confuso y caótico o mantienen el orden?
5. ¿Escuchan y respetan los sentimientos de los demás?
6. ¿Ponen el acento en los errores cometidos o se concentran en asumir las responsabilidades con la vista puesta en el futuro?

Cinco estilos típicos de solución de problemas

Vamos a considerar cinco estilos típicos de solución de problemas en familias biparentales, así como el alcance y las limitaciones de cada uno de ellos.

Evítalo: el Dragón es un secreto

Por muy normal que sea el conflicto, puede ser terrible para algunos padres. Evita el problema. No lo veas. No hagas caso de tus sentimientos.

Los padres que utilizan el estilo «evítalo» no ayudan mucho a sus hijos a reconocer y aceptar sus propios sentimientos. ¿Cómo van a entender los hijos los sentimientos y necesidades de los demás?

Este estilo evita que los niños aprendan las habilidades básicas de la negociación y el compromiso. La familia está demasiado ocupada en fingir que todo va bien. Los niños de las familias «evítalo» aprenden a tratar las tensiones y dificultades de las relaciones humanas sólo cuando alguien de fuera de la familia les enseña a hacerlo. El siguiente ejemplo ilustra cómo se agravan los problemas en las familias del estilo «evítalo».

La familia de Mary había sido autoritaria, con conflictos que la destruían y dividían. La familia de Ken había practicado la libertad de espíritu y la libertad de expresión y todos habían sido claros; todos se habían esforzado en ver a cuántas personas podían manipular para ponerlas de su parte en las discusiones. Cuando Mary y Kent se casaron se prometieron no cometer los mismos errores del pasado. Se quedaban helados en cuanto surgía un desacuerdo y se esforzaban en enterrar la cólera y «volver a la normalidad».

Sus vidas cambiaron por completo al nacer los gemelos. Hubo enormes presiones, conflictos por todas partes, pero Mary y Ken se negaron a afrontarlos.

Billy era la gemela más dócil. Hicieran sus padres lo que hicieran, funcionaba. En cambio Mandy era la difícil. Siempre estaba moviéndose, gritando, pataleando y mordiendo para conseguir lo que se propusiera. Y lo conseguía.

Mary y Ken no se ponían de acuerdo sobre cómo actuar y las rabietas de Mandy fueron en aumento. Cuando fue haciéndose mayor las llamadas y quejas de otros padres abundaron.

Y sus padres no sabían qué contestar. No querían enfrentarse con el problema. Les resultaba más fácil dudar de lo que los demás les decían: que Mandy no tenía ningún control.

Los padres de Mandy probaron a cambiarla de colegio, buscarle nuevos amigos, incluso buscaron asesoramiento. Pero les sentó mal que el asesor les dijera que, antes de ayudar a Mandy, debían mirar cómo resolvían ellos los problemas. La situación les resultaba tan abrumadora que no hicieron nada, simplemente esperar a que Mandy creciera y se le pasara.

Ataque: matemos al Dragón

Presiones en aumento. Estallidos de furia. Emociones desbordadas. Genio incontrolable.

El conflicto puede agravarse rápidamente cuando no se ve otra solución que el «ataque». La familia que utiliza el estilo ataque está continuamente al borde de la crisis. Los padres que utilizan el estilo ataque pueden no controlar su propia cólera ni lo que los demás hagan o digan cuando ruge el Dragón. Los miembros de la familia se sienten heridos y hieren a los demás a su vez. Los niños que viven en familias de estilo ataque se sienten heridos y coléricos y creen que la venganza es la única manera de resolver el conflicto. Los padres no deben extrañarse si los niños empiezan a actuar contra ellos.

Brett era un niño difícil. Nada fácil de llevar, no hacía caso de la autoridad de sus padres. No parecía escarmentar ni cuando su padre se ponía serio y lo castigaba. La eso la situación se agravó, daba toda la impresión de haberse metido en alguna banda. Cuanto más actuaba él por su cuenta, más trataban sus padres de controlarlo.

Los estallidos de cólera de Brett amenazaron con convertirse en enfrentamientos físicos en casa. Era más grande que su madre y en una ocasión le pegó.

El padre persiguió a Brett cuando escapó de casa desafiando el castigo de seis meses sin salir. A medida que los padres de Brett se sentían más frustrados y asustados, se iban haciendo más estrictos y rígidos. No veían otra salida que someter a su incontrolado hijo. Estaban firmemente convencidos de que la única manera de tratar al Dragón de su hijo era atacar y matar. No se daban cuenta de que lo único que Brett estaba aprendiendo de ellos era violencia y más cólera.

Divide y vencerás: aliarse con el Dragón

Hay chicos que intentan el método de divide y vencerás, normalmente por métodos transparentes. «Pero si mamá dijo que podía ir. ¿Por qué tú no me dejas?»

También los adultos emplean este estilo de solución de conflictos con resultados más destructivos. Los padres del estilo divide y vencerás miman, consienten y no saben poner límites a los estallidos de cólera de sus niños. Les permiten enfrentarse con el otro padre o con el hermano o la hermana, sobre todo si el padre también está enfrentado con esas personas.

En las familias que emplean este estilo un padre puede inconscientemente estimular la dependencia y lealtad de un niño para que le apoye en sus «guerras» contra otros miembros de la familia. Esto puede darles a ambos una sensación de poder, pero acaba siendo destructivo para la familia.

Divide y vencerás tiene que ver con el poder y el control. Las tácticas subversivas (dar la espalda, sarcasmos, distanciamientos emocionales y otras formas de rechazo) pueden ser armas poderosas en las guerras atizadas por la cólera. Pero este estilo impide que las familias comenten sus diferencias y resuelvan sus problemas. Las disputas son interminables. Crece la animosidad y estalla la guerra por el menor pretexto. Parece imposible detener al Dragón de la cólera.

Paralizado por el miedo y la angustia: analizar al Dragón

A esta familia no se le escapa nada. Los miembros de este estilo de familia examinan, reexaminan y estudian el significado de todo, sentimientos incluidos. Analizan y vuelven a analizar las diferencias, buscando compulsivamente los porqués. Exploran una y otra vez los temas con la esperanza de dar con la solución definitiva.

En la familia «paralizada» los árboles impiden ver el bosque. No se suelen tomar decisiones por si acarrean males mayores en el futuro, salvo que todos entiendan perfectamente por qué surgió el conflicto.

Los niños de estas familias pueden ser muy sutiles a la hora de analizar las emociones, pero poco prácticos a la hora de resolver los conflictos o evitar que los problemas se repitan. El siguiente ejemplo muestra lo que puede suceder en una familia que practica este estilo de solución de problemas.

Dylan era un estudiante inteligente y creativo y un artista de talento. Sensible y trabajador, a veces lo dominaba la necesidad interior de ser el mejor en todo. Se sentía abrumado por las críticas o cuando el trabajo no le quedaba perfecto. En esas ocasiones se imponía más trabajo como si fuera un castigo. También esperaba que sus padres fuesen perfectos.

Los padres de Dylan empeoraron la situación. Su hijo se sentía más presionado al verlos angustiados cuando él lo pasaba mal. Lo acosaban con preguntas y eso hacía a Dylan más reconcentrado y autodestructivo. Cuando trataban de hablar con él dejaban traslucir su tremenda ansiedad de que algo iba muy mal. Esa angustia aumentaba las propias dudas de Dylan. Acabó por ser cada vez más intolerante con la menor equivocación propia o de los demás.

La crisis estalló cuando el tutor del colegio de Dylan llamó para decir que Dylan había rajado los neumáticos del nuevo coche deportivo de su profesor de matemáticas.

Al llegar a casa Dylan se encerró en su habitación y se negó a hablar con sus padres de lo que le pasaba. No quiso comer y se pasaba el tiempo jugando a Calabozos y dragones. Sus padres estaban paralizados y se echaban la culpa por no tener la energía suficiente para encontrar una solución.

Si tu familia se siente paralizada por el miedo y la furia, aún hay esperanza. No te hace ninguna falta seguir investigando las causas del problema y de quién es la culpa. Resulta contraproducente darle tantas vueltas a eso. Lo que tu familia necesita es concentrar sus energías en encontrar soluciones. Reunir fuerzas para enfrentarse con el Dragón de la cólera. Al dejar de ver el conflicto como un fracaso, puedes tomarlo como motivación, oportunidad de cambiar y fuente de energía para dar con soluciones.

Oportunidad de cambiar: enseñar al Dragón a controlarse

El conflicto y la cólera no tienen por qué desembocar en hábitos destructivos. Puedes servirte de la energía que proporciona la rabia como impulsora del cambio. Puedes sustituir la culpa por la responsabilidad personal. Los ataques pueden transformarse en expresiones asertivas de necesidades. Los contendientes pueden establecer una tregua y cooperar.

En cuanto reconozcas los estilos antiguos podrás erradicarlos. Podrás concentrar tus energías en convertirte en maestro. Podrás utilizar lo que aprendas en los próximos capítulos para saber resolver efectivamente los problemas, comunicarte y, cuando sea necesario, imponer la disciplina, siempre con el ánimo de enseñar a tu niño a controlar la rabia efectiva y responsablemente.

¿Cuál es el estilo de solución de problemas de tu familia?

Observa a tu familia y a ti mismo para identificar el estilo de solución de problemas y conflictos. Presta especial atención a qué hace cada uno. ¿Cuál de los estilos descritos caracteriza a tu familia? Las siguientes preguntas te servirán para que tus observaciones sean más atinadas:

1. ¿Quién manifiesta cólera más a menudo?
2. ¿Crean problemas las manifestaciones de cólera o parecen adecuadas a la situación?
3. ¿Quién responde más rápidamente?
4. ¿Quién fomenta hablar los problemas?
5. ¿Quién evita el conflicto y hablar de él?
6. ¿Quién ataca?
7. ¿Quién es el principal responsable?
8. ¿Quién decide cuál es el problema y cómo se toma esa decisión?
9. ¿Quién aporta la solución al problema?
10. ¿Quién sale ganando?
11. ¿Cambian las cosas si está ausente algún miembro de la familia?
12. En caso de haber estilos diferentes, ¿coinciden pacíficamente o son fuente de nuevos conflictos?

Al contestar estas preguntas y descubrir el modelo de expresión de la rabia, el conflicto y la disciplina en tu familia, vas a conocer mejor sus puntos fuertes y débiles. Vas a aprender lo que tienes que hacer para cambiar antes de pretender que cambie tu niño. Las técnicas expuestas en el resto del libro parten del supuesto de que tú estas motivado para *cambiar tu forma de actuar*.

Combinación de diferentes estilos

Para trabajar conjuntamente los padres han de respetar las preferencias, necesidades, deseos y estilos respectivos. Insistir en emplear un estilo de solución de problemas puede que no sea lo más razonable, dado que en la relación de pareja cada uno aporta su propio estilo emocional. Por ejemplo, ¿qué ocurre si tu pareja quiere silencio al caer la tarde y tú dejas que jueguen ruidosamente? Nada. Los niños pueden adaptarse a diferentes personalidades y rutinas, siempre que sepan a qué atenerse. Pero ¿qué ocurre si los padres tienen estilos de manifestar la cólera y resolver conflictos muy diferentes entre sí? Uno puede tender a evitar el conflicto, aunque sienta una gran necesidad de tratar los asuntos «a fondo». El otro puede alterarse con facilidad y responder con palabras y gestos con la misma rapidez con que echa el asunto en el olvido. Una vez más, no existe una única forma correcta. Es más importante que los niños vean que sus padres se complementan y respetan mutuamente sus respectivos estilos de solución de conflictos. Por supuesto, nunca se deben emplear malos tratos físicos ni verbales con los niños. Se deben identificar los modelos destructivos y buscar formas de acabar con ellos. Cuantos más estilos y técnicas de manifestar la cólera y resolver conflictos puedan aprender y utilizar los niños, mejor preparados estarán para enfrentarse a la vida.

Valoración de la efectividad de los diferentes estilos de solución de problemas

Hacer anotaciones

Si tú y tu pareja tienen estilos diferentes, pueden reflejar por escrito las respuestas de los niños. Las anotaciones te servirán para saber qué estilo de manifestación de la cólera y solución de conflictos resulta más efectivo con cada niño. Será un testimonio escrito del modo en que tu familia manifiesta la cólera de forma productiva y las soluciones a los problemas te servirán para detectar los aspectos que necesitan atención.

Las anotaciones han de ser sencillas (cuanto más complejas, menos útiles y antes dejarás de hacerlas). He aquí un ejemplo:

1. Escribe los nombres de los miembros de la familia en un renglón en lo alto de la página.

2. Escribe en columna en el margen izquierdo Problema 1, 2, 3, 4, etc., dejando sitio para describirlo.
3. Ve anotando donde corresponda qué estilo ha ido utilizando cada uno para resolver los conflictos que se vayan planteando: Evítalo, Divide y vencerás, Atacar y matar, Paralizado por la angustia... o Maestro, utilizando el problema como oportunidad de aprender a prevenir futuros conflictos.
4. Haz anotaciones durante una semana y repásalas luego con tu pareja. ¡Si cada uno ha hecho sus propias anotaciones puede haber distintas versiones de los mismos hechos! Eso está bien. Lo importante es tener una actitud abierta al comparar las anotaciones.
5. Al repasar las anotaciones hay que tener cuidado de no ir echando la culpa a nadie. Se trata de ponerse de acuerdo sobre cómo suele expresar la rabia tu familia y cómo suele surgir el conflicto.
6. Trata de identificar qué estilo de manifestación de la rabia utiliza con mayor frecuencia cada miembro de la familia; qué estilo excita la rabia; cuál contribuye a calmarla; cuál le va mejor a cada miembro de la familia.

Tras repasar las anotaciones tienes una decisión importante que tomar: ¿deben aplicar ambos un estilo compatible con la manifestación sana de la rabia por parte de su niño o debe asumir temporalmente uno de ustedes mayor responsabilidad en controlar la rabia, la forma de encarar el conflicto y la disciplina del niño?

No olvides que no existe una respuesta unívoca a esta pregunta. La solución depende de tu familia, tus energías y preferencias y de los objetivos que te hayas marcado con tu niño.

¿QUÉ OCURRE SI ES IMPOSIBLE ADOPTAR UN ESTILO COMÚN?

Puede que los padres no se pongan de acuerdo sobre cuál es el estilo mejor para emplear con un niño. Por ejemplo, puedes creer que tu pareja agobia al niño o tu pareja puede creer que el problema reside en tu estilo, preocuparte y darle vueltas a las cosas. Diferencias de opinión tan importantes indican que no se han resuelto las diferencias de estilo.

Hay que hablarlo

No hay que asustarse aunque surjan resentimientos y frustraciones. No es que sean malos padres. Traten sus diferencias y busquen la forma de equilibrar ambos estilos. Prueben nuevas estrategias para controlar la rabia (como las que se tratan en capítulos sucesivos) que puedan resultar útiles para su niño y den salida a cada uno de sus estilos.

Hay que apoyarse

Hay que tener cuidado porque los niños son particularmente hábiles a la hora de descubrir los puntos flacos de los padres. El estilo «divide y vencerás» suele dar resultado. Los niños que dividen a sus padres pueden distraer la atención de su mal comportamiento o de sus estallidos de cólera. Hay que estar atentos. Cuando ocurre algo así la solución no está en ceder o estar totalmente de acuerdo. La solución está en apoyarse mutuamente.

Apoya las intervenciones (no violentas, claro) de tu pareja, aunque tú hubieras actuado de forma diferente. Luego, sin el niño delante, puede hablarse de cómo tratar situaciones semejantes en el futuro.

Concéntrate en los estilos de manifestación de la cólera y solución de conflictos que quieres inculcar en tu niño. El objetivo es atender las necesidades del niño y respetar los estilos de los padres.

Si no hay acuerdo entre los padres, debes proteger a tu hijo de conflictos destructivos e insolubles. En una situación así debes elegir: ¿debe asumir mayor responsabilidad uno de los dos o deben pedir asesoramiento al respecto?

Buscar asesoramiento profesional

La terapia es recomendable para resolver problemas de antes del nacimiento del niño o de cuando era muy pequeño. Si el niño tiene de ocho años para arriba, puede estar desempeñando un papel importante en mantener los conflictos entre los padres. En tal caso debe pedirse asesoramiento. En las sesiones familiares podrás concentrarte en la pareja y empezar a aplicar un estilo equilibrado de manifestación de la cólera y solución de conflictos. El niño aprenderá a evitar tácticas destructivas y creará nuevas formas de expresar la rabia y solucionar los conflictos.

El capítulo siguiente ofrece sugerencias para las tensiones y presiones propias de las familias monoparentales.

6. La familia monoparental

La soledad es dura. Los padres solos soportan todas las responsabilidades. Es difícil hallar un momento de descanso. El tiempo, el dinero e incluso la diversión con los chicos parecen escasear. Las exigencias pueden resultar abrumadoras y las tensiones increíbles. Surgen resentimientos y es fácil tener mal genio con los niños. Es muy fácil que explote el Dragón de la cólera cuando todo el mundo se encuentra tan abrumado y frustrado.

Formas de afrontar las presiones propias de los padres solos

Como padre solo o madre sola, seguramente dedicas casi todas tus energías físicas al cuidado de tu niño, tu trabajo y tu casa. Notas que te falta tiempo para el cuidado emocional de tu niño, por no hablar del que te falta para cuidarte a ti, que es lo más importante. Viviendo con esa tensión necesitas cambiar tus prioridades. He aquí algunas sugerencias al respecto.

Busca tiempo para jugar con tu niño. Ya verás cómo eso te rejuvenece y te relaja. Cuando los niños tienen tiempo para jugar y reírse con sus padres, sienten menos impulsos de llamar su atención de forma negativa. La herramienta más importante para domar al Dragón de la cólera es el poder del juego, los abrazos y el buen humor.

Busca ayuda. Busca ayuda en el barrio, el colegio, tu trabajo, tu familia o tus amistades. Que otras personas de confianza cuiden a tu niño en ocasiones. Utiliza ese tiempo para hacer algo tuyo. No te sientas culpable ni creas que estás «abandonando» a tu niño. Necesitas descansar y a tu niño le sentará bien estar con otras personas.

Deja que tu niño se tome su tiempo para adaptarse después de haber estado fuera. Un cierto tiempo de paz y tranquilidad es esencial para amortiguar la tensión del reencuentro y hacer que el tiempo pasado fuera les sirva realmente a los dos. No te pongas inmediatamente a hacer las faenas de la casa. Los cacharros pueden esperar, los niños no. Tómate tu tiempo para reconectar.

En caso de divorcio, utiliza al máximo a tu ex para que cuide del niño. Por diferentes que sean sus estilos, un niño puede adaptarse a dos familias. Muéstrate cordial con tu ex de manera que no causes más tensión a tu niño por causa de sus diferencias y conflictos.

En caso de divorcio, colabora con tu ex. Comparte información. No permitas que se desarrollen mitos ni prejuicios. Cuéntense uno a otro cómo tratan los berrinches del niño. Tener la visión de conjunto y escuchar a todas las partes puede ayudar a evitar que la táctica «divide y vencerás» desemboque en un enfrentamiento grave. Respeta, escucha y soluciona problemas con tu ex delante del niño. Si se producen estallidos de rabia, tómate un respiro y queda para tratar más tarde en privado cómo colaborar a la hora de controlar la rabia del niño.

El divorcio de los padres

Los hijos de algunas familias monoparentales son el resultado del divorcio de los padres. El año siguiente a la separación efectiva de los padres es muy tenso. Adultos racionales y equilibrados pueden pensar y actuar erróneamente y hacer cosas muy irracionales. La rabia aflora, se desborda y en ocasiones explota. Los niños captan la debilidad de sus padres y puede que intenten protegerlos y cuidar de ellos. Pueden minimizar y negar sus propios sentimientos para que sus padres no tengan que preocuparse de ellos.

Ayudar a los niños a aceptar el divorcio

Al principio los niños no se creen del todo la explicación de sus padres de que el divorcio es lo mejor para la familia a largo plazo y que hará más felices a cada uno de los padres. Es normal. Ellos no pueden ver más que pérdida, dolor, rabia y tristeza. Ven a los adultos demasiado preocupados por sus propios problemas para atender las necesidades de los niños.

Los niños tienen miedo de expresar su temor a la pérdida. «Si has dejado de querer a mamá/papá, ¿vas a dejar de quererme a mí?» Muchos niños se ven sometidos a tensiones y conflictos cada vez que se encuentran sus padres. Sienten la presencia de la rabia y eso los intimida y les da ideas. Aprenden que la rabia da resultado. Heridos y perdidos, algunos niños se hacen desafiantes y agresivos al ver que sus padres no colaboran ni cuando se trata de ellos. Al tener la sensibilidad a flor de piel, estos niños quieren llamar la atención. Esperan que sus padres se den cuenta de lo descontrolados, heridos y furiosos que se sienten.

El siguiente ejemplo ilustra cómo una pareja divorciada ayudó a sus niños a aceptar constructivamente un divorcio.

Melissa parecía muy encolerizada, por más que sus padres se esforzaran en mantener una relación civilizada tras el divorcio y pusieran siempre por delante las necesidades de su hija. Se mostraba particularmente fuera de sí inmediatamente antes y después de cada visita a casa de su padre. Melissa se mostraba exigente, caprichosa, dolida y resentida y a su madre le costaba controlar su mal genio.

Su madre ya contaba con que Melissa desplegaría la táctica de «divide y vencerás», pero no sabía lo efectiva que podía ser. Por ejemplo, Melissa dijo a su madre que su padre no le daba de comer antes de dejarla en casa de su madre. Y dijo a su padre que su madre le había pegado con el cepillo del pelo.

Si sus padres no hubieran hablado entre sí regularmente se hubieran creído las patrañas de su hija. La madre ya sabía que Melissa estaba dolida, pero eso no justificaba sus mentiras. ¿Cómo devolver a Melissa el buen humor y la esperanza?

Melissa necesitaba ideas creativas para llorar la pérdida de la familia que no volvería a tener. Su madre y ella necesitaban inventar nuevos modos de estar juntas, sentirse unidas y pasárselo bien. La madre de Melissa recurrió al estilo «maestro» para ayudar a su hija a controlar la cólera y aceptar los cambios de la vida:

1. Insistió a Melissa en que sus padres siempre la querrían aunque fuesen más felices por separado.
2. Se esforzó en mantener las formas con el padre de Melissa y en colaborar con él para que su hija aprendiera a controlar la rabia. Esto se concretó en un curso de gimnasia donde ella podía relajar la tensión, hacer nuevas amistades y disfrutar de una nueva actividad.
3. Encontró por el método de ensayo y error nuevas formas de hablar con su hija y enseñarle a afrontar la tensión de los cambios y la pérdida del divorcio. Al enseñarle cómo lo había hecho ella, la madre enseñó a hacerlo a Melissa.

Es fácil imaginarse cuáles hubieran sido los problemas de Melissa si su madre no hubiera utilizado el estilo «maestro»:

- ❄ Un «dictador» hubiera castigado severamente a Melissa, aumentando así su resentimiento, su incomprensión y su cólera al ver que nadie se preocupaba de sus necesidades.
- ❄ Un «angustiado» se hubiera obsesionado tanto por proteger a Melissa que la madre hubiera desconfiado del padre de Melissa. La espiral de agravios y malentendidos hubiera provocado conflictos graves entre los padres y mayor tensión en Melissa.
- ❄ Un «apaciguador» quizá hubiera disculpado los estallidos de rabia de Melissa por causa del divorcio. Paralizado por la preocupación y temeroso de la legítima cólera de Melissa, el «apaciguador» no habría hecho nada. Melissa se habría sentido aún más abandonada e insegura sin la protección del control de los padres.

A los niños no les hace ninguna falta ver enfrentamientos entre sus padres en cada visita. No necesitan tácticas de divide y vencerás. Los asusta y enrabieta tener que tomar partido, por no hablar de la sensación de poder que pueden tener si se alinean con la parte «ganadora». Los niños no tienen por qué guardar secretos y verse obligados a ocultar su rabia. Lo que necesitan es comprensión y poder sentirla libremente.

Los niños necesitan que sus padres los ayuden, los cuiden y los guíen. Necesitan ver que acaban las venganzas y disputas, las desconfianzas y los agravios y se crea un clima de respeto mutuo.

Cuándo buscar asesoramiento profesional

Si la situación familiar no se ha estabilizado al año del divorcio es necesario buscar asesoramiento profesional. La sensación de dolor y pérdida puede resultar demasiado intensa, destructiva y expresarse en forma de rabia. Un profesional puede detectar las causas de ese desequilibrio y aconsejar sobre la forma de superarlo.

La muerte de uno de los padres

Aturdimiento. Negación. Dolor. Rabia. Aceptación. Éstas son las etapas del duelo que tu niño y tú harían tras la terrible pérdida de uno de los padres o cónyuge, respectivamente. Es imprevisible el orden y duración de dichas etapas. Tu niño y tú pueden sentir incomprensión y soledad cuando afloran varios sentimientos a la vez. Surge la frustración y estalla el conflicto. Todos necesitamos apoyo y consuelo.

De todas maneras, los métodos para aliviar tensiones que solían funcionar bien en la familia (buen humor, juegos, deportes) quizá resulten inadecuados tras una muerte. Los estilos efectivos de solución de conflictos en otro tiempo pueden no serlo ya, sobre todo si ha fallecido la persona que unía a la familia. En vez de unirse más, tu familia puede sentirse al borde de la destrucción.

Si tu niño parece quedarse en la fase de la rabia, debes preguntarte por tu capacidad de respuesta. ¿De cuánto apoyo y comprensión eres capaz ahora? (en especial, si eres el blanco de los ataques de la furia de tu niño). Respóndete estas preguntas:

- ¿Por qué se ha quedado mi niño en la fase de la rabia?
- ¿Cómo estoy contribuyendo yo al problema? ¿Puede mi niño hacerse daño o hacérselo a otros?
- ¿Debería fomentar una expresión adecuada de la rabia, concentrarme en la sensación de pérdida y dolor o en ambas?
- ¿Vendría bien pasar un tiempo ignorando sus estallidos de rabia?
- ¿Qué otras cosas puedo hacer para aliviar la presión emocional de mi niño?

Cuándo buscar asesoramiento profesional

Si no te encuentras precisamente en tu mejor momento, empieza sirviéndote de las técnicas para ayudar a tu niño que te brinda este libro. Si te sientes débil, herido e incapaz de responder a la rabia de tu niño, busca un terapeuta profesional o un adulto con experiencia en asuntos relacionados con la muerte para que lo atienda.

Qué hacer mientras te preguntas «¿por qué?»

Muchos padres creen que si pudieran averiguar el por qué de la cólera de su niño, sabrían cómo actuar. La respuesta a esa pregunta es importante, pero nada sencilla. Lo normal es que haya muchas razones para que tu niño pierda los estribos. Cuando coincide el aumento de la tensión en ti y en él, el riesgo de un estallido es muy alto. Lo primero que hay que hacer es apagar el fuego; después puedes investigar las causas.

Es normal que los estallidos de rabia sean más frecuentes durante periodos de crisis familiar como un divorcio. Pero nunca son fáciles de tratar, especialmente cuando tú te estás esforzando por controlar el lado destructivo de tu propia rabia y por enseñar a tu niño cómo afrontarla de manera responsable. Cuando tu niño explota puede que te sientas paralizado, frustrado, culpable y casi tan encolerizado como él. ¿Cómo puedo tranquilizarlo? ¿Es culpa mía que actúe así? ¿Debería enviarlo con su padre? ¿Soy la única persona del mundo incapaz de controlar a su niño? ¿Por qué no cambia él? ¿Por qué no trae bajo el brazo un manual de instrucciones?

Lo más importante para ti, mientras sigues leyendo este libro, es que seas consciente de cómo estás afectando a tu niño. Debes identificar qué modelo y ejemplo estás ofreciendo para que tu niño exprese su rabia. Debes reconocer qué formas de expresión de la rabia estás inculcando, consciente o inconscientemente, en tu niño. Después estarás en condiciones de ayudarle. Al dominar las actuaciones y técnicas que aquí se exponen, puedes lograr cambios positivos en ti y en él.

Piensa en la cantidad de veces en que tu niño y tú se han enfrentado con los sentimientos de rabia que estallaban en momentos de cambio o pérdida. Concéntrate en los aspectos positivos de esos momentos. Recuerda cómo el sentido del humor y la comprensión ayudaron a aliviar las tensiones creadas por el cambio. Piensa en cómo conseguiste paz esperando a que tú niño y tú se serenaran y hablando después entre ustedes sobre cómo acabar con la rabia y avanzar juntos. Construye a partir de las soluciones positivas y las nuevas habilidades que estás descubriendo en ti. Incluye las ideas de este libro en tu particular maletín de trucos para domar al Dragón de la Cólera.

Segunda parte
El temperamento va creciendo

7. Entender el temperamento del niño

Hay niños que no dan problemas. ¿Quién no ha sentido envidia de los padres que presumen de «lo bueno que es su niño», que duerme toda la noche de un tirón, tiene horarios regulares y prácticamente ha aprendido a calmarse solo? En cambio, hay otros niños que son difíciles: no siguen pautas, se alteran por cualquier cambio y no les sirve ninguno de los métodos que ponemos en práctica para calmarlos. Los hay particularmente inquietos, llenos de energía y siempre en movimiento.

Cada niño es único. Sus características físicas y emocionales influyen más en su rabia que las diferencias de sexo. Si comprendes las necesidades de cada etapa de su crecimiento, sus ritmos y emociones, estarás en condiciones de prevenir muchos estallidos de rabia.

Los componentes del temperamento

Este capítulo te ayudará a identificar la personalidad y el modo de reaccionar de tu niño, es decir, lo que comúnmente se conoce como temperamento. Comprender el temperamento del niño te ayudará a predecir tensiones, evitar rabietas y hacer que aprenda a expresar correctamente la frustración y la rabia en cada una de las etapas evolutivas de la infancia.

El temperamento de los niños tiene mucho que ver con su constitución biológica y es una constante durante toda la vida. En 1986, los psicólogos Stella Chess y Alexander Thomas identificaron nueve componentes o rasgos del temperamento que pueden resultar útiles para comprender la evolución emocional del niño:

Nivel de actividad. Los niños pueden ser tranquilos y silenciosos o muy activos y de movimientos rápidos.

Aproximación-Retirada. Hay niños muy abiertos, sociables y contentos ante las novedades y los retos. Otros reaccionan más inseguros ante los cambios: pueden retraerse ante una situación nueva en vez de afrontar las tensiones que produce.

Regularidad. Algunos niños adquieren con facilidad un ritmo y una rutina para dormir, comer y demás actividades cotidianas; en cambio otros parecen incapaces de seguir pautas previsibles o regulares.

Adaptabilidad. Al modificarse las rutinas y actividades habituales, hay niños que se adaptan de buena gana y con facilidad. Otros se resisten con fuerza al cambio mostrándose agitados y retraídos.

Sensibilidad física. Hay niños muy sensibles a estímulos como el ruido, la temperatura, el sabor y el tacto y pueden sentirse molestos y alterados al experimentar sensaciones nuevas. Otros niños son relativamente insensibles y pueden reaccionar con menor intensidad ante los estímulos sensoriales.

Intensidad de reacción. Hay niños moderados, que reaccionan de modo pausado frente a sus propias emociones. Otros manifiestan reacciones intensas a través de expresiones del rostro, lenguaje corporal y tonos de voz. La intensidad y fuerza de las reacciones viene determinada biológicamente. A muchos de estos niños les resulta difícil controlar o modular sus reacciones.

Capacidad de concentración. Hay niños resueltos y centrados. Pueden dedicarse a una cosa (sortear adoquines, por ejemplo) durante largos periodos de tiempo o pasar mucho rato repitiendo una actividad que los interesa o los satisface. Otros se distraen con facilidad, pierden rápidamente la concentración o se sienten atraídos por cualquier cosa que suceda a su alrededor.

Actitud positiva o negativa. Hay niños que muestran una apatía y depresión crónicas; suelen estar «tristes» y les cuesta ver el aspecto positivo de las cosas. Otros pueden manifestar actitudes muy positivas sin preocuparse por las tensiones u otras condiciones del entorno.

Perseverancia. Hay niños con niveles notablemente bajos de atención, que olvidan rápidamente lo que están haciendo o quieren hacer. Otros son extraordinariamente perseverantes y vuelven a lo que estaban haciendo aunque se les distraiga o no lo puedan terminar.

¿Cuál es el temperamento de tu niño?

Ningún niño encaja exactamente en un solo «tipo» de temperamento, aunque la clasificación ayuda a entender qué rasgos predominan en el temperamento de cada uno. Cuanto más sensible seas a la manera particular en que tu hijo reacciona ante las personas y los cambios, estarás en mejores condiciones de evitar que las frustraciones y las tensiones den lugar a berrinches. Y también en mejores condiciones para responder y calmar a tu niño, abordar los conflictos e imponerle disciplina del modo que más se adapte a su temperamento.

Vamos a seguir las etapas de desarrollo físico y emocional de cuatro niños con temperamentos muy diferentes. Observaremos lo que provoca que estalle su furia. Veremos cómo cada uno mantiene su lucha particular con el Dragón y los problemas con que cada cual se enfrenta hasta llegar a controlarlo.

El niño «fácil»

Es probable que tu niño tenga un temperamento «fácil»: que sea tranquilo, apacible, abierto a nuevas experiencias, sociable, con buen nivel de atención y difícil de encolerizar. Estos niños suelen ser más flexibles y adaptarse bien a situaciones nuevas. Rara vez se les ve frustrados, irritados o agitados. A medida que crecen van haciéndose conscientes y sensibles de las necesidades de los demás y aprenden a controlar sus propias emociones y reacciones con relativamente pocos problemas.

El temperamento fácil de Paul le ayuda a adaptarse a las necesidades físicas, la tensión, el dolor y el hambre. Parece tener un reloj y un termómetro interiores que le permiten tranquilizarse con rapidez. Paul alcanza el equilibrio con facilidad, por lo que penas y frustraciones no desembocan inevitablemente en un estallido de furia. Acepta de buen grado el consuelo de los adultos, aunque su propia capacidad para calmarse le ayuda a controlar mejor sus necesidades.

La capacidad de este tipo de niños para controlar sus reacciones físicas les permite resolver satisfactoriamente el primer problema del crecimiento: pasar de la dependencia a un nivel cada vez mayor de autonomía.

Para saber si tu niño posee un temperamento «fácil» hazte estas preguntas:

- ¿Establece ritmos y rutinas sin mucho esfuerzo?
- ¿Lleva bien cambios y tensiones?
- ¿Le cuesta sentirse frustrado y se calma y contenta con facilidad?
- ¿Se nota que tiene calma y equilibrio interior?

Si has contestado «sí» a la mayoría de las preguntas, ¡estás de enhorabuena! Lo más probable es que sus estallidos no sean muy frecuentes y que se los puedas calmar sin grandes dificultades. Si no vive en medio de tensiones, el niño «fácil» aprenderá de buena gana a controlar sus sentimientos y estados de ánimo. Tu niño será receptivo y responderá a tus intentos de dominar su rabia. Los estallidos de furia producen desasosiego y los niños «fáciles» desean instintivamente volver al estado de paz y calma.

El niño «difícil»

Algunos niños son hipersensibles y «difíciles»; tienden a reacciones extremas ante las tensiones y resultan difíciles de consolar. Su constitución física los hace sensibles a la tensión y se sienten frustrados e irritables con facilidad. En lugar de disfrutar y adaptarse fácilmente a nuevas rutinas y nuevas personas, suelen rebelarse y reaccionar mal. A medida que crecen les resulta difícil responder o tener en consideración las necesidades de los demás. Enseñar a estos niños a controlar sus propios impulsos y aprender técnicas de solución de conflictos es un auténtico reto.

Jackie es una niña difícil por naturaleza y parece incapaz de calmarse. Cualquier ruido, tensión o cambio en la rutina, una mínima sensación de hambre u otra incomodidad le provoca disgusto. Si un adulto intenta ayudarla, Jackie se siente aún más frustrada. Rara vez se muestra tranquila, a gusto o contenta. Le cuesta tanto controlar sus reacciones físicas ante cualquier estímulo del entorno que siempre se siente superada. Cuando no consigue lo que quiere, siente dolor o tensiones Jackie suele gritar. Su furia parece interminable.

Los niños «difíciles» suelen ser dependientes porque no saben calmarse, aunque les resulta difícil confiar en que los adultos puedan ayudarles y tranquilizarlos. Cuando estos niños intentan controlar su cuerpo y sus emociones surgen resentimientos y frustraciones. Sienten miedo de no poder «hacerlo solos» nunca y rechazan y se resisten a recibir ayuda por parte de los adultos; todo esto alimenta aún más su cólera. Pueden estar siempre irritables y llevar la contraria sistemáticamente.

Como padre o madre, ya conoces las peculiaridades de este tipo de niños. Para saber si tu niño posee un temperamento «difícil» hazte las siguientes preguntas:

- ¿Le abruman las tensiones, problemas y cambios normales?
- ¿Reacciona intensamente y parece hipersensible a todo?

- ¿Responde enseguida con ansiedad y le aumenta la irritación?
- ¿Se fija y se concentra en lo negativo?
- ¿Le cuesta transigir, cambiar y fijarse en lo positivo?

Tu niño es «difícil» si has contestado «sí» a la mayoría de estas preguntas. Ya sabes que en tu casa suele haber broncas. Se producen estallidos violentos por mucho que te propongas proteger a tu niño de las tensiones y evitar ansiedades. El niño difícil siempre está al acecho. Al ser incapaz de controlarse, agrava el conflicto.

¡Ánimo! Los niños difíciles son los que mejor responden a las técnicas descritas en este libro. Puede mostrar un gran rechazo y resistencia porque los niños difíciles quieren controlarlo todo. El cambio es una amenaza, una tensión más. Pero las técnicas que vas a aprender ofrecen un apoyo positivo a tu niño para que pueda controlar la tensión que le produzca domar al Dragón de la cólera.

El niño «hiperactivo»

Los niños «hiperactivos» no dejan de moverse. Son inquietos, impulsivos, se distraen con facilidad, se mueven mucho y les resulta difícil tranquilizarse y controlar su propio comportamiento. Establecer cualquier rutina es un auténtico problema para sus padres. Puede parecer imposible ayudar a estos niños a estar tranquilos, incluso bajo tu tutela y apoyo. Los niños hiperactivos no llevan bien las frustraciones y nunca parecen satisfechos. Los estallidos de mal genio son frecuentes e intensos, aunque también terminan rápido. Más rápido de lo que tardan los demás en olvidar esas rabietas. A medida que crecen, los niños hiperactivos pueden ser considerados «insensibles» o despreocupados de los sentimientos de los demás.

Ben jamás está quieto. Nunca deja de moverse y suele irritar a los adultos que no pueden con él. Si sólo fuese inquieto, no habría mayor problema, lo que pasa es que es impulsivo y suele meterse en todo. Los adultos y los demás niños no aceptan bien que Ben esté siempre encima de ellos. Ben se excita con facilidad y, por cansado que parezca, le cuesta tranquilizarse o dormirse.

Los niños hiperactivos suelen sentirse frustrados al pretender hacerlo todo deprisa y corriendo. El cuerpo va por delante de la mente y la capacidad de comunicarse con los demás. El resultado es que no conectan prácticamente con nadie. Quieren ser independientes cuando aún no saben manejarse solos y se sienten frustrados en cuanto se les ponen límites.

Su furia es tan frecuente e intensa como breve, puesto que enseguida pasan a otra cosa.

Los niños hiperactivos suelen desafiar los límites que los adultos les fijan como medidas de protección. En lugar de aceptarlas les provocan estallidos de furia. Un niño hiperactivo en la escuela infantil puede estar solo y distante emocionalmente del resto de niños porque le cuesta amoldarse al ritmo de éstos. A los demás puede no gustarles su necesidad de ser el primero y lo rechazan, rechazo que obliga al niño hiperactivo a seguir buscando el modo de acercarse y sentirse seguro.

Para saber si tu niño posee un temperamento «hiperactivo», hazte estas preguntas:

- ¿Va siempre diez pasos por delante de los demás?
- ¿Se enfada si tiene que ir más despacio?
- ¿Le cuesta concentrarse en tus intentos de calmarlo y enseñarle a calmarse?
- ¿Parece actuar a su manera o infringir las normas aunque las conozca y sepa cómo mantener la calma y cuáles son las consecuencias de no hacerlo?
- ¿Se lanza a nuevas actividades mientras los demás aún no se han recuperado de su último estallido?
- ¿Le cuesta hacer caso de los derechos y sentimientos de los demás, aunque los tenga en cuenta?

Si la mayoría de las respuestas es «sí», ya sabes lo que te espera. Aunque estos niños pueden aprender con rapidez estrategias de control de la rabia, les resulta difícil ponerlas en práctica. Necesitan llevar las riendas, organizar y sentirse al mando de la situación y suelen ver mal que alguien se meta con ellos.

Tus objetivos a la hora de educarlo son darle normas positivas, hacer que la situación avance hacia ese objetivo y que el niño vaya sabiendo controlarse. Tu energía puede refrenar el entusiasmo del niño hiperactivo y canalizarlo hacia el autocontrol.

El niño «lento para animarse»

Estos niños encuentran grandes dificultades para afrontar situaciones nuevas y pueden reaccionar con ansiedad, desasosiego, retraimiento y comportamiento brusco. Si pueden ir a su ritmo, acaban por amoldarse a nuevas comidas, nuevas rutinas y nuevos compañeros de juegos. Los padres pueden llevarse una sorpresa al ver que estos niños se concentran tan intensamente en algunas cosas que llegan a dominarlas, de tal manera que son incapaces de cambiar a ninguna otra. Pero si los padres intentan que actúen más deprisa o esperan resultados rápidos, los niños «lentos para animarse» pueden reaccionar con berrinches, negativas a comer, luchas de poder o miedos.

A Kristy le dan miedo las personas que no conoce. Preferiría quedarse en su habitación antes que tener que ponerse a jugar con sus primos que han venido de visita.

Cuando sus padres la animan a que se relacione con esos otros niños «tan simpáticos», ella puede ponerse necia y negarse a hablar, incluso a mirar a los intrusos.

Cuando era bebé Kristy era la última en acabar el biberón. En la escuela infantil era la última en entrar en clase o en probar los columpios nuevos del patio.

Podía dedicar horas a un trabajo determinado, pero le resultaba muy difícil cambiar de clase cada cuarenta minutos. Kristy mostraba raras veces sus emociones, pero su rabia estallaba cuando se le obligaba a poner plazos o probar cosas diferentes.

Los niños lentos para animarse suelen ser retraídos, predispuestos a berrinchesante situaciones nuevas y se enzarzan en luchas de poder por ser ellos quienes marquen el ritmo. Estos niños suelen estar sobreestimulados y abrumados emocionalmente y les resulta difícil aprender a calmarse. En vez de lanzarse hacia delante como los niños hiperactivos, prefieren un ritmo más lento y les gusta sentirse protegidos por una muralla frente al mundo exterior.

Sus padres se enfrentan con un dilema: forzarlos conduce a estallidos de furia y no hacerlo es un riesgo. ¿Cómo van a ser independientes si no aprenden de pequeños las habilidades necesarias? ¿Acaso no será aún mayor su cólera si no saben controlar el cuerpo y las emociones?

Para saber si tu niño posee un temperamento «lento para animarse» hazte las siguientes preguntas:

- ¿Se muestra vergonzoso, reacio y observador cuando pasa algo nuevo?
- ¿Le gustan las rutinas de siempre y seguir su propio ritmo?
- ¿Suele abstraerse y olvidarse de las necesidades de los demás?
- ¿Se siente obligado y se resiste cuando se le presiona?
- ¿Le duran mucho resentimientos y frustraciones aunque le cueste enrabietarse?

Una vez que estos niños aprenden habilidades nuevas, como las técnicas de control de la rabia descritas en este libro, les gusta ponerlas en práctica. La dificultad reside en que quieran aprenderlas. ¿Cómo animarlos sin que se sientan abrumados y frustrados? ¿Cómo confiar en su capacidad para desplegar sus nuevas habilidades?

Por suerte, a los niños lentos para animarse les gusta escuchar y hacer las cosas bien, salvo que con anterioridad se les haya forzado, presionado y criticado en exceso. Vas a aprender a animarle con tacto en la medida en que ambos aprendáis a dominar los temores y vacilaciones que alimentan el Dragón de la cólera de tu niño.

¿ESTÁN «EN SINTONÍA» TU NIÑO Y TÚ?

Muchos padres son lo bastante sensibles al temperamento de sus hijos como para ser capaces de adaptar el suyo propio si es necesario. Por ejemplo, los niños difíciles o lentos para animarse suelen ser irritables. Si sus padres les muestran apoyo y cariño y los guían con seguridad, lo normal es que esos niños se sientan seguros y aprendan a controlar la rabia.

Los padres no siempre pueden responder con paciencia, orden y amabilidad. Por ejemplo, si tú eres una persona activa, que asume responsabilidades, te dejará perplejo y te causará frustración si tu niño es lento para animarse. El conflicto entre tu temperamento y el de tu niño puede convertirse en una batalla permanente. No es culpa tuya ni de tu niño, sino simplemente que sus temperamentos no encajan. En familias biparentales el progenitor cuyo carácter resulte más compatible puede ser el que más se implique y se responsabilice a la hora de prestar apoyo al niño en las ocasiones particularmente difíciles.

Seth era un niño activo, exigente e irritable ante cualquier nueva actividad o cambio en la rutina. Pero sus estados de ánimo eran cambiantes y efímeros y podía pasar bastante bien de una cosa a otra.

La madre de Seth se dio cuenta de que, como se distraía con facilidad y era impulsivo, podría apartar su atención de los estallidos de rabia y fijarlas en juegos más adecuados.

Pero al padre de Seth le costaba más adaptarse al difícil temperamento de su hijo. Era tranquilo y apacible, le costaba mucho estallar y era de reacciones menos intensas que su esposa o Seth. Pero cuando se enfadaba le duraba mucho más. No podía distraerse y cambiar tan rápido como Seth. Estaba resentido con su hijo porque no parecía «importarle» portarse mal. Al padre le resultaba difícil seguir el ritmo de Seth y empezó a mostrarse menos cariñoso y dispuesto a jugar con él. Seth advirtió el repliegue de su padre y se mostró más agitado e inquieto. Instintivamente se acercó a su madre, que era igual de activa, inquieta y excitable que él. Al verlo, el padre se sintió culpable y dolido y se replegó aún más.

Cómo saber cuándo estás «en sintonía»

Es crucial examinar con atención la relación que hay entre tu manera de reaccionar y la de tu niño. Esto te servirá para identificar más claramente cómo expresa él la rabia y para descubrir si estás ayudándole o no.

A continuación se dan una serie de sugerencias que te pueden ayudar a ver en qué grado se acopla tu personalidad y la de tu hijo:

1. Empieza por repasar los capítulos 4 y 5 en los que se establecen los distintos tipos de padres y las diferentes soluciones al problema de la rabia. Verás que en ellos se sugiere un plan para armonizar tu modo de reaccionar y el de tu pareja.
2. Contesta las preguntas de los cuatro temperamentos básicos que figuran en este capítulo. Pero en esta ocasión hazlo *como si las preguntas se refiriesen a ti*. ¿Eres de temperamento «fácil», «difícil», «hiperactivo» o «lento para animarse»?
3. Si las respuestas indican que tu temperamento y el de tu niño se aproximan, te será más fácil captar sus necesidades y comportarte de modo que favorezca tus objetivos.
4. En caso contrario pueden surgir problemas. No te dejes ganar por el resentimiento ni te apartes de tu niño; son sentimientos comprensibles pero no te traerán más que problemas. Utiliza las nuevas herramientas que vas a aprender en este libro para comprender a tu niño y reaccionar positivamente con él.

¿PUEDEN ESTAR «EN SINTONÍA» LOS PADRASTROS, PADRES ADOPTIVOS Y LOS CUSTODIOS?

Padrastros, padres adoptivos y los custodios se encuentran ante una situación especial. Es mucho más probable que sus ritmos y temperamentos no encajen con un niño con quien no se comparte la herencia biológica. Las diferencias físicas darán lugar a irritaciones, tensiones y conflictos y dificultarán en ocasiones establecer vínculos, seguridad y confianza.

Puede que resulte más costoso llegar a la intimidad emocional y también puede tardar más en aparecer el sentimiento de confianza y autoestima en el niño. Es posible que padres y niños necesiten mayor distancia emocional, aunque les haga sentirse culpables y avergonzados. Puede ser más difícil lograr el equilibrio entre intimidad y vida privada de cada uno. ¡Pero no hay que desanimarse! Aunque parezca que el avance es lento y esté salpicado de altibajos, las técnicas que ofrece este libro acaban por mostrar su utilidad.

En el capítulo siguiente encontrarás ideas para afrontar la rabia que suele acompañar a tu niño en la etapa de la educación infantil.

8. Los niños durante la etapa de educación infantil

A pesar de lo que pudieran sugerirnos los momentos apacibles junto a los peluches y las canciones de cuna, la infancia es una época de cambios y tensiones. Las mentes jóvenes y los cuerpos en desarrollo luchan por crecer. Los niños atraviesan etapas previsibles en las que se van produciendo complejos cambios físicos, emocionales, mentales y morales. Por ejemplo, aprender a andar proporciona una sensación de poder y excitación y al mismo tiempo de ansiedad y duda.

¿Cómo compagina un niño el sentimiento de emoción al dar los primeros pasos lejos del padre y la madre con el miedo a caerse? ¿Y la emoción de haber aprendido algo nuevo con la frustración de oír a su padre o a su madre decir «ahora no lo hagas»?

Facetas del crecimiento entre los dos y los cinco años

Cada etapa del crecimiento y desarrollo se resuelve cuando se alcanza un equilibrio al que también contribuyen tensiones y frustraciones. Tú desempeñas un papel capital a la hora de enseñar a tu niño a manejar esos conflictos inevitables.

La lucha por lograr el equilibrio es la fuerza que dirige al Dragón de la cólera mientras tu niño se esfuerza en dar cumplimiento a las siguientes facetas del crecimiento entre los dos y los cinco años de edad.

Control físico: «¡Mi cuerpo es mío y lloro si quiero!»

Los niños han de aprender a controlar su cuerpo. Los niños que adquieren un buen control físico de sí mismos encuentran más fáciles las etapas siguientes del desarrollo emocional. Si los adultos enseñan a los niños a calmarse y controlar su cuerpo, los niños pueden sentir que controlan cuando se enfrentan con el dolor físico o moral o la frustración. Pueden confiar en sí mismos porque han aprendido que pueden contar con la ayuda de los adultos.

Los problemas físicos a los que se enfrenta el niño son dolor, hambre, sed, desconsuelo y cambios bruscos en las rutinas. Si no pueden consolarse, se sentirán frustrados y expresarán su sentimiento de rabia en forma de pataleos, llantos, gritos o patadas y manotazos, lo que no es sino un modo de aliviar la tensión física.

Dominio: «¡Puedo yo solo!»

Entre los dos y cinco años un deseo que cobra gran expresión en los niños es el de «hacerlo todo solos», es decir, buscan el autocontrol y el dominio del lenguaje. Los niños están maduros para aprender muchas cosas nuevas y excitantes. Pero hay que estar vigilantes. Cuando se frustran porque no logran controlar del todo pueden dar curso a un furioso torrente de palabras y gestos y los padres pueden sentirse desbordados por semejantes estallidos.

Los niños de dos a cinco años creen que sus padres lo saben todo y lo pueden resolver todo, aunque suelen ofrecer resistencia cuando se los quiere ayudar. Pueden rechazar las formas que los calmaban y que tan bien funcionaban cuando eran más pequeños; ya no quieren que controle el adulto. Quieren sentirse dueños de sí, claro que a veces las cosas no salen como ellos quieren. Esperan que sus padres les adivinen el pensamiento y los calmen.

Pero si los invades corres el riesgo de frustrar su búsqueda de dominio e independencia.

Aprender a confiar: «¿Me quieres?»

Cuando los padres saben cómo ayudar a un niño a calmarse y dominar su cuerpo, crece la confianza (en que la felicidad es posible, los demás se preocupan de uno, se puede estar seguro y algún día llegará a controlar del todo).

Todos sabemos que los niños necesitan que se les quiera. Para estar seguros de nuestro amor los niños necesitan que les ayudemos a dominar su cuerpo y deben aprender a confiar en que los calmaremos cuando la rabia, el dolor y la frustración los abrumen.

En los niños pequeños la seguridad emocional es la base sobre la que después se construirá la autoestima. La confianza en ellos mismos les permite relacionarse mejor con los demás, les da mayor capacidad para intimar y mostrar empatía. La capacidad de comprenderse a sí mismos les ayuda a preocuparse por los demás y acercarse a ellos. Sin esa sensación de seguridad emocional los niños pueden sentir dudas terribles y una intensa soledad que alimentan al Dragón de la cólera.

MOTIVOS HABITUALES DE RABIETAS A ESTAS EDADES

En realidad son cosas que molestarían a cualquiera, así que con más motivo lo hará si se trata de niños pequeños.

- Frustración por no hacer o tener algo de inmediato.
- Incapacidad para adquirir una habilidad nueva.
- Dificultad para expresar las necesidades.
- Daño.
- Dolor.

- Decepción.
- Querer mucho algo y verse demasiado cansado o pequeño para hacerlo.
- Incomprensión de los padres y fracaso ante ellos.
- Interferencia de los padres, en vez de ofrecer ayuda.

¿SON INEVITABLES LOS BERRINCHES?

Los niños más mayores pueden servirse del lenguaje para expresar sus necesidades. Pero entre los dos y los cinco años no han aprendido aún las palabras con que pueden satisfacer sus necesidades. Para los niños más pequeños las palabras son exigencias, no instrumentos de negociación. Si no se consigue un resultado inmediato a través de las palabras, entonces se producirá inevitablemente un berrinche.

Los berrinches infantiles son universales. Lo peor de todo es que se producen en el sitio y hora más inoportuno para los padres. Crean una situación tan embarazosa que nos encontramos en la tienda o en el centro comercial ofreciendo al niño lo que quiera con tal de que deje de gritar. Y al actuar así nos sentimos humillados por haber sido manipulados por un niño tan pequeño. Su berrinche le ha dado resultado. Ha conseguido el caramelo antes de pagar en la caja.

Los niños a quienes se consienten los berrinches tienen mayores posibilidades de padecer problemas emocionales de adultos. Si los niños aprenden que hacer pucheros, llorar y gritar basta para conseguir de los demás lo que quieren en ese momento, de mayores serán unos adultos egoístas y narcisistas. Los padres que ceden y luego responden con sentimientos de culpa, charlas o sarcasmos no solucionan el problema. Sencillamente contribuyen a formar adultos que no sólo tiene berrinches, sino que se obsesionan echándose la culpa.

A menudo el berrinche responde a fatiga, enfermedad, sobreestimulación u otras tensiones. ¿No necesita tu niño entonces más apoyo, cariño y cuidados si cabe? Por supuesto, pero eso no quiere decir que te dejes controlar y manipular por sus estallidos de furia. Tu niño necesita que le enseñes cómo puede restablecerse la calma y que puede satisfacer sus necesidades hablando con normalidad. Puedes enseñarle de qué modo debe calmarse y hablar para expresar sus necesidades cuando está encolerizado.

Lograr el control del cuerpo y las emociones a estas edades ayuda a los niños a librarse de los berrinches, igual que se libran de biberones y peluches. Si tu niño sigue con los berrinches, pasa al capítulo 16.

En el capítulo 10 trataremos de los problemas típicos de los niños en edad escolar (6 a 12 años) y de las técnicas que pueden enseñarles a resolver los conflictos.

9. Los niños en la etapa de la educación primaria: la importancia de estar integrado

Integración, reconocimiento y realización: ésos son los objetivos para los niños en edad escolar. Si los niños se sienten diferentes de alguna forma, les resultará difícil tener la sensación de estar integrados. Les puede parecer imposible caer bien a nadie cuando se saben poco atléticos o atractivos, tímidos, ansiosos o hiperactivos. Si desconfían de su aspecto y capacidad, serán niños inseguros que siempre estarán temerosos de que los demás descubran sus puntos débiles.

Esta etapa puede resultar particularmente dolorosa. Los niños aún no entienden que *todos somos diferentes* (ser diferente no implica necesariamente tener carencias) en algún sentido. Poseen una notable habilidad para dar en el blanco con bromas y burlas que pueden hacer mucho daño. ¿Cómo van a sentirse bien consigo mismos si los demás les consideran raros, extraños o diferentes?

Las páginas que siguen ofrecen consejos sobre cómo chicos y chicas en edad escolar pueden aprender a resolver pacíficamente los conflictos.

Cómo resolver los conflictos pacíficamente

Los niños de estas edades suelen ser muy sensibles a las críticas y bromas de sus compañeros. Por más que lo intentemos, los padres rara vez conseguimos que nuestros niños vean las burlas y comentarios críticos como bromas. Pocos son los niños que «no hacen ni caso». Muchos chicos creen que la única manera de integrarse y lograr el reconocimiento del grupo es «ganar» en todos los conflictos, si es preciso recurriendo a la fuerza física. Raro es el niño que posee las habilidades mentales y verbales y la capacidad de razonamiento suficientes como para resolver sin agresiones los problemas.

Tres normas básicas para tu niño

Los niños de estas edades necesitan normas que los ayuden a entender y controlar emociones, sentimientos y pensamientos a la hora de dominar la rabia. Las que se enumeran a continuación son normas claras y sencillas cuyo objetivo es fomentar un ambiente en el que recurrir a las peleas o imponerse por la fuerza esté mal visto. Un ambiente que favorece el autocontrol puede ayudar a los chicos a ganar batallas al Dragón de la cólera.

Estas normas básicas son:

Enseña a tu niño a decir NO *a actos de provocación, violencia y sarcasmo*. Enséñale que tiene derecho a decir lisa y llanamente «Eso no me gusta» y proponer otras cosas para hacer u otros juegos.

Si la norma anterior funciona, enhorabuena. Si no, enseña a tu niño a marcharse. Marcharse a hacer otra cosa. Irse. Tu niño puede dejar claro con el cuerpo que no está dispuesto a participar en la disputa. Enséñale a no decir nada más. Que se dedique a cosas más divertidas, que haga cosas con otros niños.

Si otros niños lo persiguen o insisten en la discusión, tu niño debe decirlo. Decirlo no es acusar. Decirlo es buscar ayuda. Tu niño debe saber que puede acudir a un adulto y decirle que ha hecho para decir «no» y tratar de evitar el enfrentamiento. Puede pedir ayuda para apaciguar el conflicto o para que un adulto medie y resuelva el problema. En el capítulo 23 se dan más instrumentos para ayudar a resolver conflictos entre compañeros.

Ayuda a tu niño a integrarse en el grupo

Cuando los niños encuentran la manera de integrarse ya no se muestran tan sensibles a las bromas de los demás chicos. He aquí algunas cosas que puedes hacer para ayudar a tu niño a formar parte del grupo al tiempo que conserva su espacio propio:

Pide a tu niño que se fije en cómo reaccionan otros chicos ante las burlas. Quizá respondan con una broma, se hagan los sordos o no hagan ni caso. En el capítulo 23 se dan más ideas.

Ayuda a tu niño a identificar un interés o habilidad en particular. Si tu niño no tiene aún un pasatiempo, dale la oportunidad de probar varias posibilidades. Sorpréndelo con unos cuantos libros en la mesilla de noche. Saca entradas para ir a algún partido o exposición científica. Cocina con él los fines de semana. (No olvides que los intereses de tu niño probablemente no coincidan con los tuyos, lo que está muy bien. ¡Deja que tu niño te enseñe!)

Habla con el profesor de tu niño para saber cómo es con sus compañeros. Pídele consejo sobre cómo actuar con él en casa para que le vaya mejor en el colegio.

Anima a tu niño a encontrar su manera de integrarse, no sólo de sobrevivir.

Elógialo por utilizar el cerebro en vez de los puños para controlar las situaciones.

Preocupaciones de los niños a estas edades

Inseguridad

Es de vital importancia ayudar a los niños inseguros a encontrar la manera de integrarse y encajar en el grupo. Necesitan encontrar cierto reconocimiento sin que ello implique un alto grado de intimidad. A continuación se ofrece un ejemplo de cómo pueden ayudar los padres.

Cuando estaba en 4º Alan solía estar marginado en el colegio dada su tendencia natural a esperar y observar. Los compañeros de clase se impacientaban con tanta prudencia y cautela y rara vez contaban con él para jugar. Esto hizo que Alan sintiera mayor ansiedad y dudas a la hora de participar. Lo peor de todo es que lo llamaban «nulo» en juegos atléticos y torpe cuando se trataba de una actividad nueva.

Los demás niños se divertían metiéndose con Alan. Después de tantos años de vergonzoso silencio, estaba a punto de estallar. Costaba sacarlo de sus casillas, pero los chicos se las arreglaban para lograrlo. Les encantaba ver explotar y ponerse furioso a Alan. Era un círculo vicioso. Las bromas confirmaron los temores de Alan: era distinto, no valía nada y jamás se integraría. A medida que aumentaban su soledad y su cólera le daban ganas de huir a donde nadie volviera a reírse de él. Confinado en su soledad, su única obsesión era vengarse.

Al principio los padres de Alan no se ponían de acuerdo sobre la manera de ayudarle. A su padre le preocupaba que Alan se convirtiera en un ser débil y siempre decía que debería aprender a valerse por sí mismo. La madre de Alan estaba más preocupada aún, pero era más prudente. Sabía que todos los intentos anteriores de animar a su hijo habían provocado mayor retraimiento por su parte.

Los padres de Alan se entrevistaron con el profesor, quien les proporcionó abundante información sobre los problemas de Alan en el colegio. Coincidieron en que el interés de Alan por la fotografía podía ser la clave para que fuera ganando confianza en sí mismo. Alan había hecho buenos retratos de sus compañeros de clase y no tuvo problemas para inventarse una historia fotográfica donde podía derrotar a sus enemigos sin tener que hacerlo en persona. También empezó a filmar al equipo de fútbol del colegio. De este modo podía desempeñar un papel de líder en los juegos de la clase sin necesidad de ser el protagonista. Alan había encontrado la manera de integrarse. Como ya no tenía miedo a las bromas, su forma de ser mejoró. Empezó a responder a las bromas con un agudo sentido del humor.

Celos: «¡No es justo!»

Los niños de estas edades suelen estar obsesionados por la justicia. En el capítulo 12 se explica el porqué de la importancia de las normas en esta etapa como orientación para saber lo que está bien o mal. Las normas son también la clave de la integración en el grupo. Muchos chicos responden con un «¡No es justo!» cuando se sienten abandonados, vejados o no queridos. Por equitativos, entregados y justos que intenten ser los padres, siempre hay discrepancias sobre quién puso más.

Como padre avezado, puedes ayudar a que tu niño entienda que la vida no siempre es justa. Puedes intentar entender por qué tu niño se siente abandonado o insatisfecho. La justicia se convierte en un asunto particularmente delicado cuando se trata de hermanos. En el capítulo 24 se dan instrumentos para adquirir la confianza necesaria y actuar correctamente con cada uno.

Familias mezcladas: aprender a quererse

Los niños de estas edades no sólo buscan integrarse en el grupo, sino también en casa. Les preocupa cómo encajar si crezco y cambio tan deprisa, cómo integrarme si mi familia cambia tan deprisa.

En el caso de familias mezcladas la integración puede parecer un objetivo inalcanzable. Los chicos suelen ver preocupados a los padres, tratando con cariño a su nueva pareja o tratando de ganarse el favor de sus hijastros. La reorganización de la casa para alojar a los nuevos miembros de la familia es una oportunidad idónea para que estalle el conflicto y surjan los celos por quién se lleva el gato al agua.

A los doce años Missy no paraba de gritar «¡No es justo!». Era la hermana mayor y el principal apoyo y la confidente de su madre desde el divorcio de sus padres. No le gustaba tener que reconocer en el colegio que sus padres estaban divorciados, por temor a que la considerasen diferente; pero en casa parecía llevar el cambio bastante bien. Cuando su madre se enamoró, Missy guardó las distancias con su padrastro. Él era paciente y comprendió que Missy necesitaba tiempo para acercarse.

El conflicto estalló cuando el padrastro y su hijo se mudaron a casa de Missy, ya que con el cambio ella perdió buena parte de su espacio e intimidad. Aunque antes le había gustado ser la hermana mayor, ahora estaba resentida con las pequeñas. Se convirtió en una tirana, daba órdenes a los demás y se ponía furiosa si no le hacían caso. Se llenaba de celos cuando los demás conseguían algo de su madre o su padrastro. Rechazaba los intentos de sus padres de hablar con ella o dedicarle tiempo.

Dejaron de intentarlo al cabo de cierto tiempo. Missy estaba tan irritable que nadie quería estar con ella. Aunque la hubieran echado de menos, casi era un alivio para todos cuando amenazaba con irse a vivir con su «verdadero padre».

Buscar la justicia y la igualdad no es una solución realista cuando se trata de niños ya mayores que luchan por encontrar su sitio en una familia mezclada. Sus intereses y la necesidad de independencia están cambiando. Ya no les gusta jugar con los más pequeños igual que antes. Los preadolescentes necesitan más espacio e intimidad, pero cuando la consiguen pueden sentirse abandonados.

Missy ya no encontraba fácil acomodo dentro de la familia. Su madre tenía un nuevo apoyo y confidente. La querían pero ¿cómo podían hacérselo ver a Missy su madre y su padrastro? No se dejaba querer fácilmente.

Missy necesitaba disponer de tiempo y saber que era lo bastante madura para hacer algunas cosas sin la familia. También necesitaba tener tiempo con su madre, mucho más que cualquier otro miembro de la familia.

A medida que Missy aprendió a confiar en que su padrastro iba a apoyar aquellos cambios, fue llegando a la conclusión de que él no era tan malo a fin de cuentas. Missy le pidió ayuda en un trabajo importante del colegio y él se la brindó. Aunque no se sentía como su hija, por lo menos habían encontrado algo en común. Missy estaba descubriendo nuevas formas de encajar en su nueva familia.

Los chicos necesitan tiempo para recuperarse del divorcio y para confiar en que sus padres van a seguir queriéndolos. Pueden llegar a tener serias dudas. No es extraño que tantos segundos matrimonios estén cargados de tensiones. ¿Cómo atienden los padres las necesidades de todos?

He aquí algunas sugerencias para ayudar a niños de esta etapa a encajar en una familia nueva:

1. Dedica tiempo a tu niño, haciendo cosas como las que hacías antes.
2. Haz que tu pareja comparta responsabilidades domésticas y se ocupe de los demás niños mientras tú estés haciendo algo con él.
3. Da más responsabilidades a tu niño, según su edad, como reconocimiento de su posición en la nueva familia.
4. Adopten en familia y de común acuerdo las nuevas normas para que se respete la intimidad de cada cual.
5. No permitas que tu niño infrinja las normas. Deja claro que tu pareja y tú tienen la última palabra a la hora de imponer disciplina.

El berrinche como tapadera de la soledad

La rabia en los niños suele servir para enmascarar un dolor o pérdida importantes o bien puede ser síntoma de una escasa autoestima. Los niños de estas edades que están solos y deprimidos suelen manifestar una conducta agresiva. Por ejemplo, los niños que intentan adaptarse a las tensiones o a alguna pérdida pueden tener sentimientos de depresión y abandono. Esto puede provocar problemas en el colegio, en casa y con los amigos. Un niño hiperactivo o difícil puede colaborar poco, negarse a obedecer las normas y pelear. Un niño sensible puede estar triste e irritado.

Los compañeros de clase suelen evitar a los niños agresivos, lo que les impide desarrollar sentimientos positivos hacia sí mismos. Muchos se sienten vacíos y desplazados. Pueden encubrir su vulnerabilidad con una apariencia fuerte y brusca.

Los padres de Jessica se apuntaron a un programa de rehabilitación para drogadictos cuando ella contaba cinco años. Sus padres estaban centrados en su recuperación y dedicaban la mayor parte de sus energías a la gran responsabilidad que implicaba estabilizarse y controlar sus nuevas emociones. Jessica había sido una niña animada y flexible y era muy sensible a las necesidades emocionales de sus padres. La niña solía «hacer de madre» de sus padres y su hermano pequeño. Intentaba ser perfecta y ocultar sus propias necesidades.

Tiempo después empezaron las llamadas del colegio. Los profesores estaban preocupados porque Jessica no podía permanecer sentada y seguir la rutina de la clase. Era exigente, mandona y agresiva con los compañeros y nadie quería jugar con ella. Cuando sus padres fueron al colegio a hablar con los profesores, Jessica se sintió peor pues temió que sus padres discutieran por su culpa a raíz de la reunión. Mintió para ocultar sus problemas y no crear más tensiones a sus padres.

En 2° Jessica era aún más incontrolable y explosiva, si cabe. Eran frecuentes las llamadas a casa pidiendo a los padres que fueran por ella. Su padre reaccionaba con frustración. Creía que los profesores y la madre de Jessica eran muy permisivos y les pidió que fueran más firmes y le impusieran disciplina más a menudo. Los profesores y la madre creían que Jessica desafiaría cualquier disciplina. La madre de Jessica estaba abrumada y se echaba la culpa por ser demasiado inabordable y áspera.

Lo cierto es que Jessica había conseguido ser la protagonista. Había conseguido llamar la atención que había perdido. Pero por desgracia eso le estaba costando perder el reconocimiento en la escuela y crear tensión entre sus padres. El psicólogo del colegio les ofreció la ayuda que necesitaba la familia.

Sus padres se mostraron de acuerdo en dedicar más tiempo a Jessica para paliar su profunda soledad. El padre se hizo entrenador de su equipo de *softball*. Padre e hija juntos aprendieron lo que era el espíritu de equipo. La madre salió con ella más a menudo. Se ayudaron mutuamente a encontrar soluciones y formas positivas de reducir tensiones en lo relativo al colegio y al trabajo de la madre.

Tu niño puede estar mostrándose agresivo para ocultar su sentimiento de soledad, pero con tu ayuda y la de su profesor puede aprender formas no agresivas de abordar el sentimiento de frustración y de pérdida. He aquí algunas ideas para ayudarte a empezar:

1. Si son una familia biparental, necesitan ponerse de acuerdo antes de abordar el nuevo plan.
2. Cada uno de los dos debe dar prioridad a dedicar tiempo a su niño.
3. Reunirse con el profesor es útil para coordinar la labor de casa y el colegio y trazar un plan de disciplina que contemple:

- Los límites a la conducta agresiva.
- Las sanciones por mala conducta.
- Los premios por colaborar y resolver conflictos sin agresiones.

4. Encontrar modos de que tu niño sea aceptado por sus compañeros. Invitarlos a casa. Apuntarse en una asociación. Insistir hasta conseguirlo.

Avergonzados por el divorcio

Aunque los niños de padres divorciados o separados son numerosos, algunos no hablan nunca de su situación familiar. Temen que sus amigos les vuelvan la espalda o los avergüencen.

A los once años Tony empezó a sacar peores notas en el año que siguió al divorcio de sus padres. Antes de separarse sus padres le ayudaban a diario con las tareas, pero esa rutina desapareció igual que otras muchas. Tony no atendía en clase y eso enojaba a los profesores. Hasta sus compañeros habían empezado a reírse de él por estar siempre en las nubes.

Por lo general Tony solía respetar estrictamente las normas; no quería causar más problemas a sus padres. Necesitaba correr y saltar durante el recreo para aliviar tensión y energía acumulada. Pero en los ratos libres de la jornada escolar Tony empezó a descontrolarse. Los chicos empezaron a llamarle «El hombre del espacio» por su extraño comportamiento. Al formarse equipos para jugar partidos o hacer trabajos él era el último en ser elegido. Sus compañeros se daban cuenta de su vulnerabilidad y le gastaban bromas pesadas. Era un blanco fácil; era divertido ver cómo estallaba. Hasta que un día Tony no pudo más y le rompió la nariz a un amigo. El director del colegio pidió a sus padres que fueran a hablar con él.

Los padres de Tony estaban de acuerdo en que la cólera de su hijo era la tapadera de una profunda depresión y falta de autoestima. Permitieron que Tony se incorporara a un grupo de niños con padres divorciados impulsado por el colegio.

El grupo lo dirigía el psicólogo del colegio, quien estableció unas normas para solucionar problemas y manifestar sentimientos. Los niños compartían ideas y experiencias y aprendían a respetarse y aceptarse unos a otros. Al cabo de varias sesiones con otros niños del colegio, Tony comprendió que no estaba solo y empezó a sentirse integrado.

Tony empezó poco a poco a tener confianza como para desplegar sus nuevas habilidades con los compañeros de clase, aunque todavía no se atrevía a hablar con sus padres del conflicto con ellos. El director del grupo preparó a los padres y les enseñó cómo atender la frustración de Tony, comprender su cólera y cambiar de rutinas de modo que Tony contara con más apoyo. Él aprendió a defenderse por sí mismo sin preocuparse de si sus padres se peleaban. Empezó a confiar en que podrían colaborar cuando se tratara de él.

Inmersos aún en el conflicto, muchos padres no aciertan a ponerse de acuerdo en trazar un plan común para ayudar a su niño. A veces la mejor forma de empezar a ayudarlos es *pedir ayuda*.

Integración, comprensión y confianza son la base de una seguridad que se forja en casa. El modo de ayudar al niño a ganarse el reconocimiento de sus compañeros e integrarse en el grupo. Sobre estas bases el niño puede aprender a hacer las paces y de este modo estarán en condiciones de afrontar las inevitables borrascas de la adolescencia.

10. Los adolescentes: la rebelión anunciada

Los adolescentes tienen una gran necesidad de sentirse integrados. Quieren controlar su cuerpo, pero al comenzar la pubertad las hormonas se disparan. Incluso los niños fáciles se vuelven imprevisibles. La menor contrariedad se convierte en un campo de minas donde se libran terribles batallas. Aumentan los enfrentamientos contra la autoridad. Por justos que sean los padres y razonables los profesores, el signo distintivo de esta etapa es la rebelión.

Muchos adolescentes sienten que no controlan su cuerpo en esta etapa; los cambios físicos les parecen grotescos y excitantes a la vez. Esta sensación interior de descontrol les lleva a algunos a aparentar lo contrario de manera exagerada, ofreciendo una imagen brusca y un lenguaje soez.

La presión de los compañeros

La presión del grupo puede llevar a adolescentes hiperactivos a cometer actos de comportamiento colérico. Los adolescentes difíciles pueden sentir ansiedad y tener accesos de rabia. Los adolescentes lentos para animarse pueden quedarse paralizados en público y hacer montañas de un grano de arena en casa.

Si los adultos los presionan se rebelan o desembocan en un estallido de rabia. La ansiedad que provoca la pubertad y los primeros contactos con el otro sexo pueden llevar a los adolescentes a dudar de si se les puede querer. Esta ansiedad está en el origen de muchos conflictos. Los adolescentes y sus familias pueden verse envueltos en explosiones de furia ante el temor de que no se les permita hacer algo que «todos mis amigos hacen». Las batallas por quién dicta las normas suelen ocultar en el adolescente preocupaciones más profundas que tienen que ver con el hecho de si encajan en las características, indumentaria y actitudes del grupo.

La ansiedad ante la duda de si son atractivos o no al otro sexo suele llevar al adolescente a hacer un grave problema de pequeños malentendidos u olvidos involuntarios. Surgen conflictos con los compañeros. Los amigos de hoy mañana son enemigos. Los adolescentes fáciles y los lentos para animarse pueden, o bien retirarse de este tipo de contiendas, o bien recurrir a tácticas sutiles para vengarse. Los adolescentes hiperactivos llegan a declarar la guerra por un olvido sin intención.

Adolescentes que se hacen violentos

Los adolescentes de personalidad difícil o hiperactiva pueden tener verdaderos problemas en esta etapa. Un adolescente del tipo hiperactivo, aunque goce de una base familiar estable y una autoestima relativamente alta, puede tener problemas de peleas y agresiones. Los adolescentes hiperactivos sin apoyo alguno y que viven en familias conflictivas o barrios violentos pueden encontrarse con serios problemas.

La madre de Ty se quejaba de que no podía ocuparse de él. Solía estar tan preocupada y deprimida por sus propios problemas y responsabilidades en el trabajo que le quedaba poco tiempo para dedicarse a él y mucho menos para saber adónde iba al salir de clase y por las noches. Las normas y límites establecidos no servían. A ella le gustaba que su hijo destacase en baloncesto, pero a Ty le ponía furioso que le quitasen del equipo por sacar malas calificaciones. Parecían inevitables las quejas de los profesores ante la mala actitud de Ty.

Pero Ty acabó obteniendo cierto reconocimiento. Le iba bien haciéndose el duro (aunque fuese un éxito negativo). Eso le hacía sentirse integrado. Si alguien se reía de él, lo provocaba o lo contrariaba, él estaba dispuesto a atacar y vengarse, sobre todo cuando se metían con su chica. Los compañeros de clase se convirtieron en espectadores de su particular representación de «la ley del más fuerte».

Cierto día, por defender el honor de su dama, Ty insultó a un profesor. Cuando la directora intervino para impedir que el asunto pasara a mayores, descubrió que todo había empezado cuando el profesor había impuesto una suspención a la chica que salía con Ty, lo que suponía que en casa la castigarían sin salir y Ty había quedado con ella aquella noche. Lo peor de todo era que Ty había alardeado ante muchos estudiantes de que era capaz de matar al profesor. El rumor se había extendido como una mancha de aceite y había degenerado en violencia.

Ty se había ganado el «reconocimiento» por su fuerza física. Pero lo trágico era su incapacidad para afrontar los verdaderos retos de la adolescencia: aprender a controlar los impulsos físicos e integrarse en el grupo aprendiendo a relacionarse.

Los compañeros son un eficaz estímulo para el cambio en adolescentes como Ty. Si lo que pretendía era provocar admiración, lo cierto es que tenía otras posibilidades. Este incidente hubiera podido tener consecuencias muy distintas si Ty y su chica se hubiesen ganado el reconocimiento del grupo manteniendo la calma, mostrando un buen carácter y sacando buenas calificaciones.

Los adultos somos responsables de los valores de los adolescentes. Creamos los mensajes mediáticos de «la ley del más fuerte».

Toleramos la violencia en colegios y barrios al no ofrecer alternativas positivas. Los adolescentes pueden llegar a ganarse el reconocimiento del grupo por su capacidad de hacer las paces y ayudar a los demás. En el capítulo 27 se indica cómo ayudar a un adolescente agresivo crónico.

ADOLESCENTES QUE TEMEN CONFIARSE A OTROS

En algunas familias los adolescentes pueden verse sometidos a una tensión y desorden continuos. Los padres que rehuyen los asuntos emocionales favorecen un clima de secretismo en la casa. Los adolescentes aprenden a ocultar sus necesidades y sentimientos para defenderse de los padres. Se sienten confusos, impotentes y temerosos. A medida que crecen su cólera va en aumento.

¿Cómo pueden expresarla? ¿Evitando mostrar sus sentimientos y refugiándose en un mundo de fantasía dentro de su propia imaginación? ¿Cayendo en la delincuencia junto a otros amigos para sentirse integrado en el grupo fuera de la familia? ¿Expresando su frustración y furia mediante la violencia, para conseguir esa sensación de poder y control que les resulta imposible en casa?

Josh tenía quince años y una madre alcohólica. Su padre era un hombre irritable, con escaso sentido de la dignidad y control en su trabajo.

Llegaba a casa de mal humor, empezaba a criticar a los niños y exigía a su esposa que se hiciera cargo de ellos de manera que él pudiera estar a sus anchas.

Los padres de Josh no solían discutir violentamente; la madre se refugiaba en la botella y el padre en el televisor. Pero, en ocasiones, resentimientos reprimidos durante mucho tiempo estallaban en agrias discusiones, seguidas de disculpas dramáticas, promesas de tiempos mejores y un periodo de muestras de mutuo afecto entre los padres. Poderosas emociones como el amor y el odio, la cólera y la agresividad, el afecto y la indiferencia llegaron entremezcladas a Josh.

Al llegar a la adolescencia Josh se prometió a sí mismo que no caería en los mismos errores que sus padres. Se negó a beber o tomar drogas. Logró evitar las bandas y sus reclamos para convertirse en un delincuente. Fue al enamorarse cuando notó la herencia familiar. Cuando se sentía herido, lleno de ansiedad, abandonado, frustrado o criticado, lo único que Josh sabía era que sentía cólera. No había aprendido a distinguir entre la cólera que sus padres manifestaban y otros sentimientos dolorosos.

Cuando surgía algún conflicto con las chicas Josh sólo sabía imitar lo que había aprendido en casa: evitar el problema hasta que estallaba la furia contenida. ¿Podría Josh encontrar el modo de abandonar el modelo destructivo que había aprendido en su familia y aprender a su vez a confiar en las personas?

A los adolescentes que no saben controlarse física y emocionalmente les aguarda un futuro de soledad. Les resultará difícil intimar de verdad. El enfado puede desembocar en agresión o reprimirse y alimentar comportamientos violentos.

Afortunadamente, la mayoría de los adolescentes *pueden* lograr el control y equilibrio interior. Pueden aprender a rechazar la violencia y desarrollar la confianza y la intimidad. Si tu hijo adolescente presenta este problema, he aquí algunas medidas con las que podrías ayudarle:

1. Asegúrate de que tu hijo adolescente tiene al menos un adulto que se ocupe de él, que conecte con él y despierte sus simpatías.
2. Dale al adolescente la oportunidad de integrarse en un grupo de compañeros con valores sanos.
3. Dale al adolescente la oportunidad de conocer adultos y otros adolescentes que hayan alcanzado la madurez emocional y moral.

Esta sensación de control es lo que diferencia a un adolescente permanentemente encolerizado y bloqueado y otro capaz de dominar la rabia y abrirse a los demás.

Libertad para los adolescentes

Muchos de nosotros recordamos con claridad la sensación de disgusto físico que provocaban los sentimientos de frustración y furia durante la adolescencia. Recordamos lo imperiosa que era la necesidad de ser independientes, crecer y vivir por nuestra cuenta y la firme convicción de que nuestros padres no entendían lo que significaba estar atrapado en el impreciso territorio entre infancia y edad adulta.

Muchos de nosotros estamos dispuestos a comprender y aconsejar a un adolescente que está dispuesto a hablar. Sin embargo, es mucho más difícil soportar los ataques y la furia que nuestros adolescentes descargan directamente contra nosotros. Solemos ser blanco de su ira y los responsables de que sigan siendo dependientes. No es fácil dar independencia y confiar en quien da rienda suelta a la rabia en casa.

Dependencia e independencia

¿Dimos por terminado el asunto cuando nuestros hijos cambiaron los pañales por el colegio? Pues lo cierto es que surge otra vez durante los años de la adolescencia. Es tal la necesidad de autocontrol de los adolescentes que a veces parecen padecer un desequilibrio absoluto entre emociones, pensamientos y hábitos. Lo único que parece importarles es ser independientes.

A los quince años Tess ya había dado muestras de su obstinación, aunque sus padres habían logrado ir canalizándola. Se temían que tuviera una adolescencia borrascosa, pero no habían imaginado hasta qué punto llegaría a rechazarlos. Se negaba a comer con ellos y se pasaba el tiempo en su habitación o saliendo con las amigas. A sus padres les costaba encontrar puntos de contacto con ella; ni siquiera servía intentar salir juntos a cenar y al cine, cosa que antes le encantaba. Tess se negaba a hablar o se ponía agresivamente a la defensiva cada vez que sus padres intentaban empezar una conversación con ella.

Al principio sus padres pensaron que era algo transitorio. Pero empezó a sacar malas notas y cambió el círculo de sus amistades. Sus padres temieron que bebiera o hicieran algo indebido. Tess estallaba cuando sus padres le pedían colaboración en las tareas domésticas o que les dijera adónde iba por la noche. Ella se limitaba a contestarles que «confiaran» en ella. ¿Cómo iban a hacerlo? Les negaba toda información y de sus nuevas amistades sólo conocían el sonido del claxon cuando venían a recogerla.

Los padres temieron que Tess estuviera descontrolándose y pensaron en imponerle límites más severos. No obstante, les preocupaba enormemente pensar que nunca volverían a ser amigos de su hija, a quien veían convertida en una adulta precoz.

Muchos padres saben por experiencia que cuanto más aprietan, más se rebelan los adolescentes. La clave está en proporcionar a los adolescentes una «red de seguridad», unas pocas normas básicas que dejen claros los límites y las consecuencias y les den tanto seguridad como responsabilidad.

En el ejemplo anterior, Tess y sus padres pactaron una lista de normas básicas, aunque la chica se mostrara reacia. Tess hubiera disfrutado de mayor libertad y confianza de sus padres si las hubiera seguido.

Ayudar al adolescente a ser libre

Puedes ayudar a tu hijo adolescente a ser libre sin romper con la familia. He aquí algunas ideas para empezar:

Siéntate con tu hijo adolescente y haz una lista de normas básicas, incluyendo la hora de volver a casa los días de clase y los fines de semana. Pueden acordar, por ejemplo, que salga con los amigos siempre que haga las tareas, saque calificaciones aceptables y respete la hora de volver a casa. En el capítulo 20 se trata sobre cómo negociar con un adolescente.

Deja claras las consecuencias por infringir las normas básicas. Las infracciones se compensarán haciendo más recados; cuando los haga, recobrará la libertad.

Insiste en buscar algo en común con tu hijo adolescente. Puede que a tu hijo le parezca «aburrido», pero pueden acordar pasar en familia algún rato a la semana, no sólo en casa sino haciendo algo que a ellos les interese.

No te metas en todos los detalles de la vida de tu hijo adolescente. La confianza debe ser recíproca.

Recuerda que las peleas y conflictos con los adolescentes son inevitables y normales. Lo principal es saber mantener el equilibrio entre lo que se les debe dejar hacer y lo que no. No puedes bajar la guardia.

Ayuda a tu hijo adolescente a encontrar maneras positivas de controlar su cuerpo y su genio. En los capítulos 17 y 18 se dan indicaciones al respecto.

No pretendas tener un control absoluto sobre él. El sentido del humor, la empatía, la capacidad de escuchar y la disposición a pasar de ser el jefe a ser el consejero servirán para superar mejor este periodo difícil y turbulento. Pronto (aunque no lo parezca) el adolescente recuperará la sensación de control físico y sus estallidos de cólera serán menos intensos. Descubrirá cuáles son sus zonas de independencia y los puntos de contacto con los demás.

Con tiempo y paciencia puedes ayudar a que tu hijo adolescente acepte que los padres pueden ser sus aliados, siempre que él responda a la confianza que pide. Una vez que el adolescente logre su tan ansiada independencia, volverán a ser amigos.

11. La enseñanza de los valores

Si has intentado modificar tu temperamento para dominar la rabia, si te has esmerado en poner en práctica hábitos para corregir las faltas y si te has mantenido en la tarea de cuidar de tu niño y comprenderlo en medio de sus estallidos, no se te puede pedir más.

Pero a muchos padres y profesores les preocupa *si van a poder nuestros niños ser buenos y honrados con tanta violencia y odio como hay en el mundo. ¿Qué puedo esperar de un niño que ha visto miles de horas de dibujos animados violentos y ha dado muerte a innumerables «enemigos» en los videojuegos? ¿Qué reserva el futuro a niños que desde edades muy tempranas se han visto expuestos no sólo a la violencia del cine y la* TV *sino a la del barrio y la familia? ¿Encontrarán orientación moral los niños de ahora por muchos ejemplos positivos que les demos?*

Preguntas semejantes se vienen haciendo de generación en generación y no tienen fácil respuesta. En este capítulo no se pretende concretar los valores que debes enseñar a tu niño. Para eso debes guiarte por tus creencias, tu experiencia y las enseñanzas morales de la doctrina religiosa o filosófica que profeses.

El tema de este capítulo, sólidamente apoyado en investigaciones psicológicas, es el proceso de desarrollo moral en los niños. Vas a aprender cómo las etapas de desarrollo moral están relacionadas con la mayor capacidad de los niños para expresar y controlar de modo constructivo la rabia.

Las etapas del desarrollo moral

El sentido moral de los niños va cambiando y evolucionando a medida que se van desarrollando física, intelectual y emocionalmente. Las siguientes etapas de desarrollo moral son universales:

- Hasta los 5 años: el niño es un ser centrado en sí mismo; rabietas y la fuerza física le sirven para conseguir lo que desea y obtener una gratificación inmediata.
- Entre los 6 y los 12 años: el niño aprende a utilizar las normas sociales para lograr la aprobación de los demás al hacer elecciones cuidadosas y responsables.
- Entre los 13 y los 19 años: es la etapa a lo largo de la cual han de aprender a ser flexibles, de modo que se logre el equilibrio entre los derechos propios y los ajenos.

Predicar con el ejemplo

«Quien bien te quiere, te hará llorar» ha sido un lema vigente durante mucho tiempo. Pero la imposición y convertir tu casa en una dictadura no es la respuesta. Claro que es importante la disciplina. Los niños necesitan y piden normas a las que atenerse a todas las edades. La disciplina positiva puede ser buena maestra, como verás en capítulos posteriores.

Al imponer la disciplina debes mantener la calma y controlar tu genio; dar apoyo en vez de criticar; ser flexible y no rígido.

Sea cual sea la etapa por la que atraviese tu niño, la mejor estrategia para enseñar valores es predicar con el ejemplo. Es mucho más efectiva que las charlas de las que tan hábilmente desconectan. Tu niño va a aprender observando a los adultos, tu ejemplo va a ser una poderosa guía.

Los niños pequeños son intelectualmente incapaces de pensar en lo que están haciendo y por qué. Es verdad que se pasan la vida preguntando ¿por qué?, pero no tienen la noción de causa y efecto. Es inútil preguntarles por qué sienten rabia. Normalmente ese tipo de preguntas te deja a ti más frustrado y a tu niño más confuso (y encolerizado).

Tu objetivo es que el niño desarrolle su capacidad física, emocional, intelectual y moral para controlar al Dragón de la cólera. Puedes empezar por enseñar a tu niño con tu ejemplo a no emplear las palabras como armas arrojadizas sino como instrumentos para resolver y mejorar situaciones. También puedes ayudar a un niño mayor a llegar a un compromiso entre lo que quiere él y lo que quieren los demás.

El niño aprenderá a pensar a partir de las normas, ejemplos y experiencias dc tu familia. Tener las cosas claras puede servir efectivamente para controlar al Dragón de la cólera. El razonamiento debe ser sencillo si se quiere que dé resultado. El objetivo es enseñar al niño (a partir de los seis años) a decirse «Deja de gritar, piensa en cómo tranquilizarte y luego en cómo conseguir lo que quieres»; si el niño es mayor puede añadir «y a compartirlo».

Líneas maestras para potenciar la enseñanza de valores

Puedes sentar las bases de futuros comportamientos adultos estableciendo normas sobre lo que tu familia puede decir o no durante las discusiones y conflictos y decidiendo qué métodos emplear para zanjar problemas, teniendo en cuenta la edad y el temperamento de tu niño.

A continuación se sugieren algunas líneas maestras para cada etapa del desarrollo moral del niño.

Hasta los cinco años:
Aprender que no puede ser siempre «yo primero»

Los niños empiezan a reconocer sus emociones antes de ir al colegio. A medida que desarrollan la habilidad para el lenguaje buscan palabras para nombrarlo todo. Pero no hay que perder de vista que, aunque tu niño sea capaz de nombrar sus sentimientos, no los entiende en relación con otras personas. Un niño de tres años cree que el sol y la luna lo siguen y salen y se ponen por él. Las emociones son importantes porque así satisfacen sus necesidades, pero sólo las suyas. Su lenguaje sobre los sentimientos es utilitario: al nombrar algo el niño tiene cierto control sobre el entorno. Aquí es donde se forjan ideas erróneas sobre los sentimientos: hay niños (y adultos) que se quedan detenidos toda la vida en esta etapa tan centrada en uno mismo.

A medida que los niños aprenden a interpretar las emociones, se concentran en cómo satisfacer primero sus propias necesidades. Ven a los demás, adultos y niños, como quienes les ayudan o les impiden conseguir lo que quieren. «¡Quiero eso!», «¡Te odio!», «¡Dámelo!» son frases habituales de esas edades. Hacia los cinco años, los niños captan la relación entre emociones y actos, aunque siguen concentrados en sus propias necesidades: «Si no mes das eso, no soy tu amigo.» «Te odio; no te lo voy a dar.»

Scotty era un niño grande y fuerte de cuatro años. Podía ganar a cualquier niño de su edad si los dos querían el mismo juguete. Su madre trabajaba cuidando niños pequeños y a Scotty no le gustaba nada que ella atendiera a «los bebés». Pero no podía explicar sus celos ni el deseo de que su madre se ocupara de él igual que de los otros niños. Por eso Scotty empezó a estallar en rabietas sin motivo aparente cada vez más frecuentes y violentas. Empezó a dominar a otros niños y a quitarles los juguetes.

Cuando su madre trataba de poner límites, Scotty salía corriendo o la mordía si le daba un azote. Entonces le gritaba «¡Te odio! ¡No eres mi mamá!» La madre de Scotty comprendió que necesitaba otra estrategia más efectiva, pero ¿cuál serviría para controlar a su hijo pequeño?

A Scotty le encantaba el poder y el control que iba adquiriendo, pero no le bastaba. No estaba aprendiendo a controlar su cuerpo ni sus emociones. No podía expresar sus necesidades. No respetaba el espacio ni las necesidades de los demás niños, que se comportaban igual con él.

¿Qué podía hacer su madre para ayudarle? ¿Adoptar una actitud más firme y reforzar el control? ¿No surtiría eso el efecto contrario y provocaría mayor resistencia en el niño?

Ayuda a que tu niño tiránico aprenda a controlarse

Los niños pequeños necesitan oportunidades para ganar reconocimiento, atención y control de sí mismos. Los padres pueden dar ejemplo a sus hijos de autocontrol y luego enseñar y animarlos a utilizarlo de igual modo.

La madre de Scotty decidió convertirlo en su ayudante. Encomendó a Scotty que se ocupara de ayudar a que los más pequeños tuvieran paciencia, que compartieran y hablaran de sus sentimientos y los de los demás y que se hicieran más autónomos para calmarse. Su madre le «pagaría» dándole privilegios extra y tiempo extra con sus juguetes favoritos después del trabajo.

Las siguientes medidas son un ejemplo de cómo ayudar a tu niño a lograr reconocimiento al tiempo que gana en autocontrol emocional y aprende a jugar colectivamente.

Asigna una tarea a tu niño que le dé la oportunidad de tener paciencia y compartir con otros niños. Puedes «pagarle» con privilegios extra o tiempo especial contigo.

Haz que practique primero contigo. Utiliza muñecos, animales o marionetas para inventar una historia sobre cómo hablar y jugar con un amigo. (Estas prácticas harán que tu niño esté más tiempo contigo.)

Durante las prácticas, haz que tu niño fije las reglas de juego. Aprenderá a jugar en grupo y a utilizar el lenguaje para expresar los sentimientos.

Distrae la tendencia a mandar de tu niño insistiéndole en que su nuevo cometido es un secreto para los demás niños. Ayuda a que entienda que así enseña a los otros chicos, con el *ejemplo*, a ser justos y compartir.

No potencies la tendencia a mandar de tu niño. Quítale privilegios o tiempo extra contigo si se comporta de manera tiránica o agresiva. Haz que practique las reglas más a menudo o que se quede una partida sin jugar.

Fija límites al comportamiento agresivo

La fase en la que los niños están más centrados en sí mismos es durante los primeros años. Aún no comprenden la relación causa/efecto. No se dan cuenta de que su furia, egoísmo y rabietas pueden hacer daño a otros. Poco a poco van enriqueciendo el lenguaje y eso les permite poner nombre a los sentimientos de los demás. De todas maneras, aún no saben responder con empatía, perspectiva ni hacer las elecciones morales más sencillas.

Precisamente por eso, cuanto más pequeños más importante es fijar límites que les ayuden a controlar su furia física y a tener en cuenta los derechos y necesidades de los demás.

Si los límites que fijas son agresivos y les causan daño, ése es el modelo que aprenden. La agresión no es el modo más efectivo para que los niños pequeños manifiesten la cólera y, según indican las investigaciones, tampoco es en lo primero que piensan. Pero por desgracia es lo que suelen aprenden por los gestos y palabras de los adultos.

Matt era un «niño típico» que respondía a todos los estereotipos: activo, curioso y físicamente fuerte. Como era muy activo desde que nació, quería controlar. Era obstinado y pelenero y solía dominar a los demás niños. Si no conseguía lo que quería, gritaba y pegaba, con lo que enseguida lograba de sus compañeros lo que quería.

En el colegio quitaba cosas, dominaba y siempre ganaba. Incluso los niños más colaboradores y comunicativos actuaban tiránica y agresivamente cuando jugaban con Matt. Se hacían a la idea de que la única manera de tratarlo era pagarle con la misma moneda: quitarle cosas, gritar y pegar. Matt no tenía amigos que resolvieran pacíficamente sus problemas.

En casa, la madre de Matt lo regañaba por su genio, pero no sabía fijar límites a sus estallidos. El padre de Matt estaba orgulloso de lo «viril» que era su hijo. Sólo respondía a las manifestaciones agresivas de cólera de Matt en el caso de que cuestionaran su autoridad. Los gritos, amenazas y azotes de su padre enseñaban a Matt que las estrategias agresivas daban resultado y servían para controlar a otras personas. Matt lo consiguió enseguida.

Aunque era un niño activo, Matt no era agresivo por instinto. Pero había aprendido desde muy pequeño que la agresión era la forma más efectiva (y la utilizada con más frecuencia) de expresar la rabia. Matt podía haberse convertido en un líder sin recurrir a la agresión, por su fuerte voluntad y su habilidad física. Podía haber sido mucho más efectivo en sus relaciones con padres y compañeros si hubiera aprendido a controlar sus impulsos, comunicar sus sentimientos y practicar el compromiso en vez de querer dominar.

Los niños hiperactivos pueden ser difíciles de controlar, pero también ellos reclaman que se les pongan límites. Todos los niños quieren ser aceptados y estar integrados. En esta etapa las negociaciones, los premios y las consecuencias positivas son excelentes estrategias.

Si los niños coléricos siguen consiguiendo lo que quieren mediante la agresión, nunca se harán responsables ni adquirirán sentido moral. Pero si comprenden claramente que la agresión no les sirve para sus propósitos empezarán a mostrar su rabia de manera más pacífica.

Potencia la autoestima y el afecto

Los niños de estas edades no aprenderán a ser justos y prudentes a la hora de expresar la rabia si no se les ponen límites y no ven ejemplo en los adultos. El temor al castigo, la desaprobación y el fracaso desembocan en un sentimiento de vergüenza. De ahí se pasa al sentimiento de culpa y humillación. La humillación en esta etapa puede impedir que los niños adquieran la seguridad emocional básica para su desarrollo. La vergüenza también puede atizar la furia en los niños difíciles y lentos para animarse.

Chrissy era una niña difícil que se frustraba con facilidad ante las exigencias de la escuela infantil. Vestirse, acordarse de utilizar el cuarto de baño y hacer amigos, todo eso le abrumaba. Chrissy estaba tensa y preocupada y tan centrada en su necesidad de control que rara vez hacía caso de las palabras o gestos de los demás niños. Prefería jugar sola, porque si no se agobiaba enseguida y estallaba.

A los padres de Chrissy les llamaron con frecuencia para comentar las rabietas injustificadas y los ataques de Chrissy a otros niños. Padres y profesores solían recurrir a la reprimenda y la niña parecía sentirse muy culpable y gritaba histéricamente «¡Perdón!» Pero no desaparecía ni la ansiedad ni la tensión. Sus estallidos de cólera se hicieron tan violentos e imprevisibles que los profesores amenazaron con expulsarla de la escuela infantil.

Los niños angustiados no necesitan que los adultos los regañen ni los avergüencen, ya que suelen hacerlo ellos mismos con bastante frecuencia.

Los niños angustiados y difíciles necesitan ejemplos de cómo calmarse, controlar y seguir las normas para que los demás los acepten. Si padres, profesores y compañeros elogian sus esfuerzos por calmarse y seguir las normas, Chrissy reforzará su autoestima. La vergüenza lo hace sentirse peor. Pero si los demás le ayudan a sentirse a gusto consigo misma, Chrissy podrá empezar a sentirse a gusto con ellos.

La mejor disciplina consiste en premiar las acciones positivas. Los niños difíciles aprenderán a ponerse en el lugar del otro y tener en cuenta sus derechos y sentimientos con tal de que aprendan primero a controlarse a sí mismos. Los niños son sensibles por naturaleza y pueden aprender a compartir y cooperar bajo ciertas normas, siempre que se les den estrategias sencillas y refuerzo positivo.

Entre los seis y los doce años: aprender a preocuparse del grupo

Integración, reconocimiento, aceptación. Los niños entre los seis y doce años han salido de su egocentrismo y se esfuerzan por amoldarse al grupo. A lo largo de esta etapa las normas son de vital importancia. Cumplirlas satisfactoriamente permite que el niño se gane la aceptación del grupo. Las normas suelen obligar al niño a pensar en los objetivos y motivaciones de las demás personas o de otro equipo.

Los conflictos que surgen en esta etapa suelen estar relacionados con la aceptación de las normas. Por ejemplo, puedes estar tan orgulloso de cómo empieza tu niño a practicar algún deporte o a jugar a las cartas que le dejes fijar sus propias normas. Al principio puede que resulte divertido verlo poner normas con las que gana siempre. Pero luego resulta irritante que quiera ganar a toda costa y empiece con berrinches cuando las cosas no salen a su gusto.

Aprender a seguir las normas

Por suerte, la tendencia a la integración es más fuerte que la tendencia egoísta a ganar siempre. Las normas crean un ambiente de seguridad en el que los niños aprenden a colaborar en beneficio del grupo o del equipo. Las normas se aplican en situaciones donde todos necesitan hacerlo bien. Son especialmente importantes en los casos de niños difíciles, hiperactivos y lentos para animarse. Para ellos las normas son el marco dentro del que pueden controlar su cuerpo y sus sentimientos. Las normas permiten a los niños mirar fuera de sí mismos y tener en cuenta el bien común. Las mejores normas no son las imposiciones ni los castigos, sino las que favorecen los objetivos comunes.

En esta etapa los niños se rebelarán de diversas maneras contra las normas dictatoriales. Un niño hiperactivo puede pegar y echar a correr; un niño difícil puede caer en la decepción o afanarse en las luchas de poder; un niño lento para animarse puede limitarse a no hacer nada y declararse en huelga. Todos pueden recurrir a la mentira.

Kyle era un niño hiperactivo que solía tener problemas a la hora de seguir las normas tanto en casa como en el colegio o con los amigos. Era tan inquieto e impulsivo que rara vez se paraba a pensar lo que se esperaba de él en un momento dado, porque siempre estaba anticipándose a todos. De todas maneras, Kyle quería triunfar en el deporte, porque tenía buenas condiciones físicas.

Sus padres estaban preocupados por los berrinches de Kyle tanto durante los entrenamientos como en los partidos. Padres y entrenadores lo castigaban, le insistían en la necesidad de cumplir las normas y le advertían de que si no nadie iba a querer jugar con él.

Los berrinches de Kyle cesaron, pero empezó a cuestionar las normas a todas horas y a mentir sobre de quién era la culpa cuando fallaba en algo. Cuando nadie aceptaba su versión, empezaba a protestar y a quejarse a grito pelado. ¿Cómo podía Kyle ganar reconocimiento, aprender a seguir las normas y amoldarse a los demás niños?

Lo mejor para un niño hiperactivo es enseñarle a cumplir las normas. Kyle necesitaba sentir que los demás valoraban sus habilidades, no sus estallidos de cólera. Necesitaba decidir cómo aceptar las normas del grupo y los límites de los adultos cuando se descontrolaba. Necesitaba incentivos para respetar los derechos de sus compañeros de equipo, para salir del estrecho mundo de sus necesidades personales. Necesitaba también elegir un deporte donde pudiera competir a su propio ritmo y trabajar tanto por mejorar él como por el triunfo del equipo.

Mentira y mal comportamiento

La mayoría de los niños que mienten o se portan mal no lo hacen por maldad, sino sencillamente porque están confundidos. Muchos niños de estas edades recurren erróneamente a mentiras e infracciones de las normas para conseguir reconocimiento e integración en el grupo. Es la etapa en que más se miente y eso forma parte del desarrollo normal. De todas maneras, en los niños que sienten una intensa necesidad de integrarse, las mentiras habituales suelen ser fantasías, porque les parecen la manera de saltarse las normas.

Los niños mienten por dos razones principales: para quitarse problemas y para ganar reconocimiento. Ambas razones tienen que ver con sus sentimientos de culpa y de ser «peores» que el resto del grupo. Las críticas severas y la disciplina rígida pueden hacerlos aún más mentirosos con tal de obtener la aprobación general. Avergonzar y echar la culpa a un niño, sobre todo si es difícil o lento para animarse, puede hacerlo sentirse tan mal que no vea otra salida que mentir para salir del paso.

Los padres de Ben habían recorrido un largo camino. Se habían prometido no reincidir en los errores de sus padres y ni le pegaban ni se mostraban con él rígidos ni autoritarios. Creían que si trataban a Ben con honradez y respeto él sería honrado y respetuoso.

Ben solía ser un «buen chico» y no le gustaba nada meterse en líos. Siempre quería tener la razón y ser el mejor con los demás chicos. Durante las inevitables peleas él siempre decía que había empezado el otro y que la culpa no era suya. Sus padres, que no solían haber presenciado el conflicto, trataban de averiguar quién había empezado. Esperaban descubrir qué versión era la «verdadera» con base en preguntas. Pero solía ser tan convincente en sus negativas que los padres de Ben acababan creyéndole a él y culpando al otro chico.

Los padres de Ben tuvieron que oír una y otra vez quejas de que Ben mentía para evitar el castigo. Ni los sermones ni las amenazas de perder privilegios o ponerle multas por mentir surtían efecto alguno. Sus padres se dieron cuenta de que Ben era incapaz de reconocer sus errores. No tenía confianza o capacidad para reconocer ni siquiera el error más pequeño. Era un chico sensible y preocupado y no soportaba la vergüenza.

Los padres de Ben dejaron de hacer de detectives para descubrir la verdad. Se dieron cuenta de que tratar de averiguar quién había empezado sólo servía para que su hijo mintiera más. Intentaron otra táctica: en caso de conflicto era asunto de ambos chicos. Evitaron la palabra «culpa». Dejaron claro que no aceptarían que les vinieran con cuentos. Ben y sus compañeros sólo podrían recurrir a ellos para solucionar el problema. Ben podría decir lo que hubiera hecho para solucionar el problema, qué resultado le había dado y qué errores le gustaría rectificar. Los padres intervendrían sólo para ayudar a encontrar soluciones aceptables para ambos chicos. Ambos serían responsables de encauzar la situación.

Ben ya no volvió a preocuparse por quién era el culpable y debía ser castigado. Si las culpas se repartían, él ya no tenía que preocuparse por ser el malo. No necesitaba mentir tanto y dejó de echar la culpa a los demás. Empezó a admitir sus errores por primera vez en su vida. Lo mejor de todo fue que empezó a pensar en cómo podría ser mejor en adelante.

Tener en cuenta las necesidades de los demás

Todos poseemos una innata capacidad para captar el daño que sufren los demás, un mecanismo de supervivencia útil, tanto para el individuo como para la sociedad desde los albores de la civilización. Hasta los bebés captan el daño que sufre otro bebé o sus padres. Esta capacidad es un elemento clave en los niños que utilizan la rabia de forma positiva para solucionar problemas. Mediante una enseñanza adecuada podemos contribuir a que nuestros niños sean capaces de ponerse en el lugar del otro.

Es a estas edades cuando se inicia el aprendizaje para captar y tener en cuenta los sentimientos y necesidades de otras personas además de las propias. En esta etapa lo más importante es identificarse y ser aceptado por los compañeros. Puedes ayudar a tu niño a aprender a compensar los sentimientos de ira teniendo en cuenta los pensamientos, sentimientos y necesidades de los demás. He aquí tres maneras de empezar a hacerlo:

- Fijar normas de comportamiento claras y firmes.
- Aprovechar las ocasiones que hagan ver que todos tenemos algo de razón y algo de culpa.
- Mostrar situaciones en las que todos pueden contribuir a encontrar la solución. Cuando se cometen errores todo el mundo puede proponer normas y soluciones compartidas.

«Errores de razonamiento» entre los seis y los doce años

En el patio de la escuela primaria se oyen muchos razonamientos erróneos como «¡Empezó él!», «Fue ella», «¡No es culpa mía!», «¡No hay derecho!». No es casual que los niños hagan este tipo de afirmaciones como respuesta a los conflictos a estas edades. Están aprendiendo a utilizar el razonamiento para interpretar y elegir respuestas a la cólera que sienten. Claro que muchas interpretaciones son egoístas e interesadas. Pero puedes ayudar a tu niño enseñándole que, por disgustado que esté, siempre hay más de una salida. Puedes recordarle que tenga en cuenta los derechos y sentimientos de los demás. A partir de eso puedes mostrarle con el ejemplo cómo se llega a la mutua comprensión y al compromiso.

A los ocho años Kate estaba encantada por el dominio que había adquirido de su cuerpo: «¡Sé hacerlo todo yo sola! Puedo conseguir lo que quiera. Si no me das lo que yo quiero, me enfadaré.» De manera que, según Kate, estaba bien desplegar toda la panoplia de técnicas de asalto a los padres: persuasión, culpabilidad, queja y, por supuesto, berrinches.

El error de razonamiento de Kate se concretaba de este modo: «Como quiero eso, si tú te opones yo estoy justificada plenamente para utilizar cualquier medio a mi alcance para conseguir lo que quiero.» Los padres de Kate pueden ayudarle a pasar de esa etapa de autojustificaciones a otra de autocontrol y a tener en cuenta a los demás. Deben entender sus necesidades y dejarle claro que, por mucha rabia que sienta, no puede hacer lo que se le antoje causando daño a los demás o con un berrinche. Deben enseñarle otras formas mejores de expresar lo que quiere.

Otro error de razonamiento frecuente es: «Él me ha hecho hacerlo.» ¿Cuántas veces no decimos los adultos «le hace bien...» para justificar nuestra furia y nuestras fantasías de venganza? (Eso equivale al «no haber empezado tú» de los niños.) Por lo general, los implicados en este tipo de conflictos creen que el fin justifica los medios, método infalible para agravarlos por sofisticada que sea la forma de expresarlos.

El esquema de pensamiento de los niños es bastante rudimentario. Como ellos se ven a sí mismos como el centro del universo, creen que lo más importante es lo que quieren o necesitan. No se puede esperar que tengan en cuenta las necesidades y sentimientos de los demás sin la intervención de los adultos, porque están empezando a desarrollar la capacidad de pensar en sus propios sentimientos.

Cuando tu niño llega a casa y te dice que su amigo se ha convertido en un feroz enemigo o que le han pegado, quizá sientas la tentación de justificarlo y aceptar sin más su versión de los hechos.

Quizá lo consueles por la «traición» de su amigo o lo animes a defenderse y devolver los golpes. Mucho más difícil, pero también mucho más efectivo, es pedir a tu niño que se ponga en el lugar del otro.

No es tarea fácil descubrir «el otro lado», los detalles que tu niño no recuerda a la primera o de los que prefiere no hablar. Puede resultar frustrante ayudarle a pensar en alguna forma de llegar a un compromiso. Pero el esfuerzo vale la pena porque estás enseñando a tu niño formas constructivas de expresar y resolver el enfado.

Siempre va a haber «razones» para la rabia. Cómo le hacemos frente es cuestión de elección personal, formación y experiencia. De todas maneras, hemos de enseñar a nuestros niños que, independientemente del motivo, nunca está justificado el empleo de la violencia de palabra o de obra para expresar la rabia.

Los valores en la adolescencia

La adolescencia es la etapa en que se pone a prueba el grado de desarrollo físico y emocional conseguido en las etapas anteriores. Si el adolescente no ha conseguido el control físico, emocional e intelectual, tendrá que seguir empeñándose en ello. Un adolescente no puede tomar una decisión frente a un dilema moral si no ha logrado el autocontrol físico y emocional.

Las personas jóvenes que desconocen el amor, la aceptación, la integración y el reconocimiento pueden tener violentos estallidos de ira. Algunos quizá reaccionen violentamente a la menor crítica o desaire. Si los adolescentes no confían en otras personas y no creen que nadie los escuche o los comprenda, entonces nunca van a intentar ponerse en el lugar del otro. Serán adolescentes a los que no les quedará otro remedio que volver a aprender cosas que ya deberían saber.

La adolescencia es una etapa difícil para los chicos con poco dominio de sí mismos y baja autoestima. Los estallidos de furia serán frecuentes en quienes hayan sufrido traumas o hayan padecido violencia o pérdidas. Algunos adolescentes reaccionan dirigiendo la rabia contra ellos mismos y castigándose. Puede haber depresiones y gestos o amenazas de suicidio. Un adolescente sensible puede manifestar su malestar en trastornos del apetito o sentirse paralizado por dolores de cabeza o ansiedad. Las relaciones pueden ser tensas, marcadas por ataques de celos, afán de posesión, rechazos y broncas.

Un adolescente encolerizado puede llegar a realizar acciones delictivas fruto de su pensamiento inmaduro. Hay quienes justifican la insensata violencia destructiva de las bandas como una necesidad deformada de control y pertenencia al grupo a cualquier precio. Por desgracia, la banda ofrece al adolescente un tipo de relación de vital importancia a esas edades y unas normas claras (aunque injustas), algo crucial en el desarrollo del adolescente. Los adolescentes necesitan integrarse y obtener reconocimiento de un modo activo y divertido. Es preciso brindarles la oportunidad de aprender valores que ya debían haber adquirido en etapas anteriores.

La rabia provocada por lo que «está bien y lo que no»

Los estallidos de rabia por lo que está bien y lo que no pueden resultar interminables, incluso en el caso de adolescentes que hayan cubierto perfectamente las etapas anteriores de su desarrollo. No es nada fácil lograr el equilibrio entre nuestras necesidades y deseos y los de los demás. Tampoco resulta fácil mantenerlo. El conflicto, la rabia y los dilemas morales son problemas de todo tiempo y lugar. Los adolescentes pueden sentirse tan agobiados por un cúmulo de emociones que su capacidad de discernimiento se resienta.

A los dieciséis años Karen era una abierta defensora de la causa ecologista. Su objetivo era luchar contra la empresa donde sus padres trabajaban, con un dilatado historial de contaminación industrial. Los padres de Karen eran liberales y abiertos a la hora de hablar de sentimientos u otros asuntos y estaban orgullosos de qué poca disciplina había habido que imponer a Karen de pequeña y lo responsable que era. Pero ahora les preocupaba la dedicación cada vez mayor de Karen a su actividad política.

La preocupación de sus padres aumentó cuando Karen infringió la ley en una manifestación ante la empresa. Karen se ponía tan furiosa que se convirtió en blanco favorito de los reporteros de la TV local, que la filmaban para dar mayor dramatismo a la noticia.

En casa todo eran caras largas. Los amigos de Karen dejaron de llamarla para salir so pretexto de que estaba siempre enfrascada en su campaña, aunque la verdad es que no aceptaban su actitud. Su chico rompió con ella después de los sucesivos plantones que le dio por acudir a actos ecologistas.

Los padres se hallaban ante un difícil dilema, pues creían que la causa de Karen era justa y su rabia perfectamente legítima. Lo que pasaba es que la tenía dominada y estaba distanciándola de familia y amigos. Su rabia era demasiado intensa y frecuente. ¿Cómo podían ayudarla sus padres?

Los padres de Karen sabían que intentar apartarla de su actividad política sería contraproducente. Pero se sentían cada vez más culpables porque empezaron a pensar que a lo mejor el problema eran ellos. Tal vez debieran esforzarse más luchando por los problemas medioambientales que, en parte, habían contribuido a crear. Llegar a esta conclusión fue el modo de sentar las bases para establecer un terreno de entendimiento y respeto mutuo con su hija.

Junto a Karen trabajaron por conseguir mejoras medioambientales. Al principio Karen se mostraba reticente y creía que el esfuerzo de sus padres era falso y paternalista, pero compartir actividades fue haciendo que se restableciera la confianza entre ellos. A Karen le encantaba haberse ganado el reconocimiento de sus padres. Al mejorar su autoestima dejó de empeñarse en querer tener siempre razón.

Karen no pensó sólo en eso. Tuvo en cuenta la reacción de sus amigos, que le habían dicho que su ardiente causa se había convertido en algo egoísta por muy legítima y válida que fuera en principio. Karen hubo de hacer frente a varios conflictos emocionales con sus amigos, además de con el conflicto con sus padres, mientras todos se esforzaban en crear un nuevo clima de confianza y respeto mutuo. Karen recuperó las amistades en cuanto volvió a dedicarle parte de sus considerables energías. Siguió teniendo conflictos pequeños con sus padres, pero ya no tenían que ver con su necesidad de reconocimiento. Incluso entró a trabajar en verano en la empresa de sus padres, como ayudante de investigación de asuntos medioambientales y de consumo.

Ayuda al adolescente a poner en práctica los valores

He aquí algunas ideas para que ayudes a tu hijo adolescente a discernir correctamente a la hora de hacer juicios que tienen que ver con los valores.

Sé un buen modelo. Háblale de las elecciones que haces a diario. ¿Cómo equilibras tus necesidades con los derechos de tu familia, amigos y compañeros de trabajo?

Deja que te aconseje. Las decisiones que tienen que ver con los valores no suelen ser fáciles. A veces no está tan claro lo correcto y lo incorrecto. Háblalo. Pon el acento en las consecuencias y la repercusión de tu decisión en otras personas.

Actúa como consejero. Ponerte por encima provocará en el adolescente rebeldía o rechazo. Ofrece alternativas, comenta los pros y los contras y deja que decida el adolescente.

Insiste en las relaciones con los demás. En todas las decisiones hay que tener en cuenta los sentimientos, necesidades y derechos de los demás. Poniéndose en el lugar del otro es como pueden tomarse decisiones acertadas.

La ira estalla cuando los niños, de cualquier edad y temperamento, se desequilibran. Cuando han hallado un precario equilibrio entre cuerpo, mente y emociones crecen y se enfrentan con los retos de una nueva etapa de su desarrollo. Los conflictos son inevitables. En la tercera parte del libro vas a aprender a controlar mejor los aspectos físicos, tan temibles en el Dragón de la cólera.

Tercera parte

Antiguos y nuevos modelos de rabietas

12. Identificar los modelos antiguos de rabietas

Ya eres lo bastante sensible como para reconocer que tu rabia y tus reacciones a los estallidos del niño son parte del problema. Es hora de poner manos a la obra. Eres perfectamente capaz de domar al Dragón de la cólera y dar con soluciones para dominar tu rabia y la de tu niño. El primer paso es impedir que estalle.

Toma buena nota de tus propias reacciones coléricas

La rabia no es una emoción aislada; una de las razones de su fuerza es que normalmente se presenta acompañada de energía positiva y negativa. Si se la canaliza constructivamente esta energía puede convertirse en una poderosa fuerza para el cambio en el seno de la familia.

En este capítulo vas a aprender a cambiar el estilo de expresión de la rabia en tu familia antes de que se produzca el estallido. Identificando el modelo y poniendo en práctica métodos sencillos para dominarla, estarás en condiciones de utilizar la energía que genera de forma más constructiva: para comunicarte, imponer la disciplina y solucionar problemas.

Marty acababa de quedarse solo al cuidado de Brad, de diez años, y Becky, de tres años. La madre de los niños se había marchado hacía poco a otra ciudad para intentar resolver un serio problema personal que afectaba a su vida en común. Marty se daba cuenta de las fuertes tensiones que aquellos cambios estaban provocando en su vida y en la de sus hijos, pero no estaba preparado para hacer frente a su repentino cambio de humor. Antes de la partida de su madre, Brad y Becky habían sido unos niños tranquilos, apacibles, más bien parcos en mostrar sus sentimientos. Marty no tenía más que llevarlos al colegio, pasar la tarde tranquilamente y jugar un poco con ellos. Pero las continuas puyas y quejas de los niños lo estaban sacando de quicio. Tras una jornada de trabajo agotadora, Marty se veía haciendo lo mismo que sus padres habían hecho con él y que él se había prometido no hacer jamás:

- Dar órdenes tajantes: *Siéntense y cierren la boca o se van a la cama sin cenar.*
- Amenazar sin fundamento: *¿A que se quedan un mes sin TV?*
- Culpabilizar: *¿No quieren que seamos una familia feliz?*
- Razonar: *Sermón nº 9286 sobre por qué los niños han de ser amables entre sí.*
- Rendirse: *Llegaba a pensar que le daba igual, pero por agotamiento. Por ejemplo, trataba de aplacar la furia de los niños después de una llamada telefónica de su madre, abrumado por cómo podrían sentirse ellos.*

  Hiciera lo que hiciera el problema empeoraba. Brad y Becky arreciaban en sus quejas y sus rabietas eran más fecuentes. ¿Serían alguna vez una familia tranquila y feliz?

La reacción de los padres suele ser lo que en ocasiones atiza la expresión de cólera de los niños. Pueden sentirse paralizados e impotentes y dedicar mucho tiempo a averiguar qué es lo que están haciendo mal. Pueden creer erróneamente que son malos padres. Su agobio les roba las energías necesarias para servirse de los aspectos positivos.

Para que tu niño pueda cambiar debes controlar primero tus propios sentimientos, que son parte importante del modelo del Dragón de la cólera en tu familia. A continuación se dan algunas sugerencias para que identifiques tu modelo de Dragón y concentres tus energías en crear respuestas positivas al conflicto.

Escucha lo que dices

Independientemente del estilo de padre o madre al que respondas, puedes aprender a identificar y evitar las respuestas habituales que contribuyen a que se disparen las manifestacioanes de cólera en tu familia. Obsérvate durante unos cuantos días y escucha lo que dices; seguro que vas a aprender mucho sobre el estilo en que se expresa la rabia en tu familia. Entonces estarás en condiciones de utilizar las estrategias que se exponen en capítulos ulteriores.

Marty no puso límites a Brad y Becky después de su divorcio. Se hizo permisivo en exceso porque sabía que los niños estaban dolidos. Le preocupaba el daño que el divorcio les había causado y estaba obsesionado por cambiar a mejor aquella situación. No quería mostrarse duro con sus hijos como había hecho su padre con él.

Pero los niños se fueron descontrolando cada vez más y Marty empezó a sermonearlos. Le hubiera gustado que su madre también le hubiera explicado las cosas a él y eso le hacía sentirse culpable de su divorcio. Quería compensarlo hablando claramente de todo. Pero como los estallidos de rabia menudeaban, Marty llegó a la conclusión de que había llegado el momento de dejar caer todo el peso de la ley.

No nos gusta nada que nuestros niños digan palabrotas, cuando muchos de nosotros alimentamos al Dragón de la cólera con puyas, críticas, motes, quejas, culpas, amenazas y órdenes tajantes. Nos da vergüenza cuando este tipo de palabras se escapan en pleno estallido de enfado. Nos sentimos descontrolados, porque ese tipo de respuestas agravan mucho los problemas.

Escucha cómo lo dices

A lo mejor no eres consciente de la intensidad que adquieren tus estallidos de rabia. Puede que al verte en ese estado sientas que debes hacer algo y sigas hablando. Muchos padres creen que hablar es la mejor respuesta, porque sirve para que todos expresen sus sentimientos. Pero lo cierto es que cuando estás encolerizado y descontrolado, cuanto más hablas más leña echas al fuego y agravas el conflicto.

¿Qué tono de voz empleas cuando te encolerizas con tu niño? ¿Levantas la voz igual que tu niño u ofreces un ejemplo de calma y serenidad? No nos gusta nada que nuestros niños griten, se quejen, suspiren, gruñan o refunfuñen, pero en cuanto se desata la rabia resulta contagiosa. Tu propio tono de voz irritado puede convertirse en detonante de un estallido de rabia. Una de las armas más efectivas para domar al Dragón es el silencio.

¿Haces gestos amenazantes?

No pierdas de vista que los gestos son más elocuentes que las palabras. Levantar la mano, apretar los dientes, acusar con el dedo, todo ello demuestra que la rabia tiene que ver con el enfrentamiento y el dominio. Cuando te impones a tu niño, refuerzas el desequilibrio de poder entre tú y él y echas leña al fuego. Cuando te alejas de tu niño le haces sentirse tan poca cosa que se verá obligado a hacer algo aún más contundente para llamar tu atención.

¿Das azotes a tu niño?

Casi todos los padres han dado algún azote, sobre todo cuando los niños son muy pequeños y corren peligro de hacerse daño. De todas maneras, la efectividad inmediata del azote no quiere decir que también lo sea a largo plazo. Dar azotes habitualmente enseña al niño que la agresión está bien.

Los niños deben aprender que la agresión NUNCA es un medio aceptable para abordar el enfado en el seno de la familia. Con un niño no vale decir «yo puedo darte un azote, pero tú no puedes pegar a tu hermano para coger un juguete». Los padres deben aprender a poner límites efectivos al comportamiento agresivo de sus niños. Más aún, debemos servir de ejemplo para enseñar a nuestros niños a expresar sus sentimientos y resolver sus conflictos sin agresiones. Nuestros actos son los que van a enseñar a nuestros niños cómo comunicar los sentimientos con respeto y consideración hacia los derechos y necesidades de los demás.

Identificar tu propio estilo de expresar la rabia, tal como has hecho en este capítulo, es un paso importante para domar al Dragón. La mejor enseñanza para tu niño es tu ejemplo. En el capítulo siguiente vas a reforzar lo aprendido al examinar los cinco mitos sobre la rabia que tienen bloqueados a muchos padres.

13. Cinco mitos sobre los berrinches

Comprender los mitos

Muchos padres tienen problemas a la hora de responder constructivamente a los berrinches de sus niños porque creen en ciertos mitos sobre el Dragón de la cólera. Los mitos más difundidos (y perniciosos) son los siguientes:

Mito 1: *Debo hacer que mi niño reconozca haber obrado mal.* Ante un problema todas las partes implicadas deben asumir sus responsabilidades. De todas maneras, en pleno estallido no es el mejor momento para hacerlo. Ponerse a averiguar quién empezó o de quién es la culpa sólo acarrea más problemas. En esos momentos no estamos en disposición de reconocer culpas ni aceptar disculpas. Hay que dar a todos tiempo para calmarse y tranquilizarse antes de ponerse a resolver el problema. Luego hay que concentrarse en los pasos a dar para salir de esa situación. Y trazarse un plan para que el problema no vuelva a repetirse.

Mito 2: *Debo conseguir que mi niño me explique el motivo de su comportamiento.* Es inútil obligar al niño a razonar cuando está encolerizado. Un padre angustiado tal vez piense que no puede actuar hasta que no conozca los motivos del niño. Acosar a preguntas conduce inevitablemente a hacer reproches y atizar la rabia del niño. La discusión tranquila sobre «por qué» es algo que debe hacerse después, cuando se ha restablecido la calma y pueden ponerse en práctica las habilidades de comunicación tratadas en los capítulos 19 y 20.

MITO 3: *Mi niño debe atender a razones y buenos consejos.* Por supuesto que desempeñas un papel importante a la hora de enseñar valores a tu niño. Pero hay momentos y momentos. En pleno acaloramiento tu niño no va a hacer caso de sermones ni razonamientos. Cuando tú estás encolerizado, tu propio razonamiento apunta más a defender tu posición que el bien común. Tu niño puede creer que un sermón tuyo es una táctica más para ganar. No olvides que la autoridad requiere brevedad y liderazgo: predica con el ejemplo.

MITO 4: *Mi niño se ha descontrolado, luego tengo que castigarlo ahora mismo.* Este mito es especialmente negativo en padres de estilo dictador. Está claro que los padres deben imponer la disciplina en caso de rebeldía, rechazo a las normas de la familia o estallidos agresivos de cólera. Pero todo depende del momento. Si intervienes demasiado rápido, movido por tu propia rabia, no serás muy justo y tu niño no sacará ninguna enseñanza positiva. Cuando están encolerizados, muchos padres pueden castigar por deseo de venganza y mantener el control. Es preferible esperar hasta que te hayas calmado. Entonces puedes pensar en las medidas a tomar y en aquellas de las que puede aprender tu niño.

MITO 5: *Si pongo límites, mi niño se volverá más descontrolado y desafiante.* O: *Si pongo límites, puedo estar reprimiendo sentimientos que necesitan expresarse.* Los padres de estilo apaciguador y angustiado suelen tener dificultades con este mito. Temerosos de incitar a la rebelión, no son capaces de fijar límites adecuados para la seguridad física y emocional del niño. Están tan preocupados por que su niño necesita «expresar sus sentimientos» que no controlan sus estallidos de ira.

Al negarte a poner límites a los berrinches y rebeldías de tu niño le estás enviando el mensaje de que así es como se expresa la rabia.

Es mucho más fácil detener el tren cuando va despacio que cuando corre a toda velocidad. Si dejas claros los límites desde un principio, puedes ayudar a tu niño a controlar mejor.

Desterrar los mitos

Estos mitos pueden estar influyendo en ti e impidiendo que domes al Dragón. Por ejemplo, la depresión y la culpa pueden hacer que no pongas límites a tu niño. O si temes que tu niño reprima su cólera, puedes tomar sus estallidos por un síntoma de progreso. O puedes esperar demasiado de tu niño y castigarlo con severidad excesiva.

Antes de establecer métodos nuevos y constructivos de controlar la rabia necesitas desterrar los mitos. Señala los que pienses que te crean problemas. Observa durante un fin de semana cómo influyen en ti. Luego piensa, sin prisas. Piensa. Mira. Escucha...

Así conseguirás identificar y desterrar los viejos métodos. Y estarás en condiciones de adoptar métodos nuevos y solucionar los problemas en un clima de paz.

14. Aplicar métodos nuevos

Al observar, escuchar y comprender cómo contribuyen a los conflictos tus viejos métodos ya has empezado a resolver el problema de la rabia en tu familia. El paso siguiente es reflexionar sobre cómo se ha llegado a una discusión o conflicto reciente o actual. Puedes hacerlo de varias maneras.

Haz una lista desde los primeros síntomas de rabia hasta que estalla y amaina.

Pide ayuda a tus niños. Los adolescentes en particular estarán encantados de señalarte cómo contribuyes al problema. ¡Hasta te dirán lo que han hecho para aplacarte! A los niños más pequeños les gustará ayudarte a dibujar una gráfica de la furia (explicada en el capítulo 18) para representar la manifestación del problema de la rabia en la familia.

Una vez que sepas cómo se provocan los estallidos de rabia, estarás en condiciones de domar al Dragón sin recurrir a los métodos tradicionales. A continuación se ofrecen algunas sugerencias para ayudarte a evitar los antiguos estallidos de rabia y a mantener la calma.

Utiliza una señal

Las señales sirven para avisarte y evitar incurrir en antiguos métodos. Háblate. Algunas frases que funcionan bien son: «Ya estamos otra vez», «Alto ahí» o «Calma, mucha calma». Recuerda que el primer paso para establecer métodos nuevos es abandonar los antiguos.

No subestimes nunca el poder del sentido del humor. Ríete de ti mismo para llegar a entender que el mundo no se acaba por una discusión. Recrea en tu imaginación una escena de alguna película o serie de televisión donde surjan conflictos. Imagínate que eres una bruja o la madrastra de Cenicienta. Imagina que te están filmando tus ataques de furia. De lo que se trata es de que la señal te sirva.

Prémiate por utilizar la señal. Disfruta del hecho de haber conseguido superar el habitual modelo de expresión de la cólera en tu familia. Al observar dónde estaban los puntos débiles y utilizar señales para avisarte has logrado una victoria importante. Ahora estás en condiciones de aplicar estrategias sencillas para abandonar definitivamente los antiguos métodos.

Espera a calmarte

¡Deja de hablar! Respira hondo. Di para tus adentros: «Esta vez no voy a dejar salir al Dragón.» Tómate un descanso. Si estás tranquilo y te controlas puedes conseguirlo.

Muy fácil decirlo, pensarás, pero no por eso mi niño va a dejar de gritar y patalear o de discutir si es un adolescente. Es cierto, los métodos antiguos, aparte de destructivos, son respuestas cómodas y automatizadas. Al principio, tu niño intentará implicarte en la batalla y tú estarás tentado de hacerlo. Pero recuerda: eres el responsable de acabar con los métodos antiguos y domar al Dragón. Procura calmarte, incluso puedes necesitar estar solo durante un rato.

Al estar calmado te conviertes en un ejemplo excelente para tu niño. Es importante que tu niño te oiga decir: «Ahora estoy muy enfadado y no quiero empeorar las cosas, necesito tranquilizarme.» Y entonces ¡deja de hablar! Una vez que te hayas tranquilizado podrás hablar con tu niño y recurrir a las habilidades comunicativas y de disciplina descritas en capítulos posteriores.

Reacciona según cada caso

Mientras te tranquilizas, piensa en lo que ha ocurrido. ¿Te has dejado llevar por alguno de los mitos? ¿Has utilizado el lenguaje corporal o las palabras como armas arrojadizas? ¿Qué intenta decirte tu niño? ¿Qué necesita tu niño para recuperar el control? ¿Qué le ayudaría más?

Pensar en la particularidad de cada situación es lo más útil. No toda discusión tensa necesita el mismo remedio.

A veces basta con tranquilizarse. Después puede tratarse el asunto más detenidamente. Una vez que te hayas calmado, estarás en mejores condiciones de enseñar a tu niño a utilizar las estrategias del capítulo 17, «Enseñar a tu niño estrategias para calmarse».

Después has de decidir si el conflicto es importante. Muchas discusiones responden a asuntos de poca monta que no merecen mucha atención. Si es ése el caso, déjalo y pasa a otra cosa. Pero si el asunto es importante para ti o para otro miembro de la familia, déjalo reposar hasta que todos estén más receptivos y puedan hablarlo con calma.

Crea un clima positivo

Cuando te hayas calmado estarás en condiciones de mejorar la situación entre tu niño y tú. Con los niños más pequeños basta con el buen humor, los abrazos, juegos o nuevas actividades. Actúa con decisión.

Toma la iniciativa. Di a tu niño que hay que hacer otra cosa. Si tu niño sigue encolerizado puede intentar volver a implicarte en la pelea. No hagas caso y emprende una nueva actividad.

Con niños entre seis y doce años hay que procurar que se relajen. Elige un libro, un juego o un programa de TV que sea de su agrado. Crea cierta distancia con el problema. Da un paseo, una vuelta en bicicleta o come algo que te guste.

Un adolescente encolerizado normalmente quiere mantener la distancia. Dile que lo quieres antes de que se meta en su habitación. Sé positivo, cariñoso y claro en tu propósito de frenar la disputa. Debes enviar el mensaje de que ninguna discusión debería causar daño a la familia y es mejor hablar las cosas tranquilamente después de calmarse. En la mayoría de los casos un abrazo puede obrar maravillas para apaciguar la rabia y volver a conectar. El cariño siempre surte efecto, aunque no sea inmediato.

Pon límites

Una vez que has disipado el conflicto, tu niño quizá intente seguir con los métodos antiguos. No hagas caso de sus intentos de avivar el fuego y busca algo que hacer. Pero si el niño persiste en su actitud, hay que poner límites. No puedes consentir que tu niño se haga daño a sí mismo o a los demás. No temas poner límites; cuanto antes mejor.

Di a tu niño: «Estas disputas hacen daño a la familia. A partir de ahora voy a ser más tranquilo y positivo. Quiero que tú también te calmes. Si lo consigues, estupendo, así podremos ponernos a (...). Y si no, tienes que hacer algo ahora mismo para recuperar el control.»

En el capítulo 22 se dan ideas sobre los límites y diferentes estrategias para imponer la disciplina.

En el capítulo siguiente se trata de dos manifestaciones de la ira muy comunes en los niños: los lloriqueos y las rabietas.

15. Los lloriqueos y los berrinches de los niños

La razón de dedicar un capítulo aparte a lloriqueos y berrinches es que con frecuencia son los primeros síntomas de la aparición del Dragón de la cólera en el niño. Primero veremos las reacciones de los diferentes estilos de padres, dictador, apaciguador y angustiado, y luego abordaremos estrategias más efectivas.

Reacciones de los padres ante los lloriqueos

Los lloriqueos son odiosos y provocan frustración y rabia en la mayoría de los padres, quienes suelen responder a ellos según el estilo de padre con el que se identifican.

Los apaciguadores, deseosos de evitar el conflicto, intentan no hacer caso. Si persiste el lloriqueo (que es lo más probable), cederán y darán a su niño lo que quiera con tal de que deje de lloriquear. Lógicamente, el niño lloriqueará una y otra vez, pues ya sabe que da resultado. Hasta que un día sus delicados padres no puedan soportarlo más y estallen.

Los dictadores gritarán y exigirán que se calle, como mínimo. Eso enciende la mecha de un estallido mucho más violento.

Los angustiados no sabrán qué hacer y se pondrán a lloriquear con el niño. Enseguida estarán ambos en perfecta armonía, lamentándose de que las cosas no salen como ellos quieren. Ninguno puede evitar el conflicto, hay que examinar hasta el mínimo detalle, pero el problema es que ninguno escucha. Y el volumen de los gritos no deja de subir.

A continuación se ofrece una serie de estrategias para calmar los berrinches y lloriqueos de los niños, independientemente del estilo de los padres:

No lloriquees ni hagas caso de los lloriqueos de tu niño. Di: «No me gusta que hables así. Habla bien para que te escuche.»

Tómate un respiro, tranquilízate. Abandona el viejo modelo familiar y no des respuestas viscerales a los lloriqueos de tu niño. No permitas que los lloriqueos te saquen de tus casillas.

Piensa en lo que necesita tu niño. Si responde a tus peticiones de hablar tranquilamente, estupendo. Pero si no, emprende otra actividad que los ponga de mejor humor o los tranquilice.

Termina la discusión en cuanto tu niño se acerque a ti en actitud positiva.

A los diez años Simon era un niño que tenía impresionados a sus profesores por su capacidad para el teatro, el debate y el liderazgo. En casa, a la familia de Simon les encantaba hablar. La hora de las comidas era un buen momento para hacerlo. Pero cuando Simon no se salía con la suya, se ponía insoportable y discutía y se quejaba por todo más que ningún otro miembro de la familia. Esto provocaba irritación en sus padres, hartos de que los incidentes empezaran por cualquier motivo y acabasen en lloriqueos. A los padres no les gustaba nada tener que ceder ante Simon para que se callara.

Hasta que un buen día los padres se hartaron. Simon no escuchaba lo que le decían, por mucho que ellos cuidaran las palabras y el tono. Los padres odiaban los lloriqueos y lo peor de todo era que ellos también habían empezado a ceder. Pero fueron lo bastante inteligentes como para cambiar de táctica y se declararon en huelga.

Dijeron a Simon que se habían acabado los debates sobre ciencia, política y demás a la hora de las comidas. Se hablaría de las normas de la familia y del reparto de las tareas domésticas. Pero no estaban dispuestos a consentir los lloriqueos de Simon y su empeño en querer salirse siempre con la suya.

A partir de ese momento sus padres empezaron a avisarle cada vez que empezaba a lloriquear. Para ello utilizaban los relojes. Le decían: «Tienes sesenta segundos para dejar de lloriquear.» Durante esos sesenta segundos los padres le escuchaban sin perder la calma. Si al cabo del minuto Simon seguía lloriqueando le pedían que se fuera de la mesa.

Reacción de los padres ante los berrinches

Aunque algunos de nosotros podemos soportar los lloriqueos, es más difícil no hacer caso de un berrinche. Quizá seamos capaces de tolerarla en un niño de dos años, porque comprendemos que aún no sabe decirnos por qué siente rabia ni lo que necesita. Pero los berrinches de niños más mayores resultan francamente irritantes. Muchos niños dominan el arte de escenificar un berrinche en público porque saben que sus padres cederán ante la vergüenza de semejante espectáculo. En esto los adolescentes se llevan la palma. Los padres reaccionan ante los berrinches de los niños según su estilo.

Los apaciguadores suelen ceder. Sus niños han conquistado tanto poder con los berrinches que ya no necesitan más para conseguir lo que quieren. Normalmente estos niños tienen problemas con otros adultos y con sus amigos porque no siempre les dejan hacer lo que quieren.

Sus padres se sorprenden y no saben cómo actuar cuando los profesores u otros padres les llaman para manifestarles su preocupación.

Los angustiados suelen reaccionar con sermones. Muchos de estos niños se sienten frustrados y resentidos por los continuos sermones e intentos de sus padres de hacer que se sientan culpables. Los padres angustiados no ejercen su autoridad de modo tranquilo y confiado, sino con ansiedad por mantener el control. Pero son los berrinches lo que dan a sus niños el poder y el control.

La rebeldía es una de las formas que emplean los niños para liberarse y hacerse con el control en una disputa. Declararse en huelga, negarse a hablar o escuchar, dar alaridos (o quedarse inmóviles), ¿hay algo más poderoso que sentarse en el suelo en medio de un McDonald's?

Con los dictadores es difícil saber quién empezó el berrinche. Ambas partes empiezan enseguida a gritar, empujarse, levantar los puños, dar patadas y golpes. Enseguida pierden el control y la cólera se hace aún más violenta.

¿Debes hacer caso omiso de un berrinche? ¿O debes ponerle límites y cortarla para que tu hijo no se haga daño a sí mismo ni a otros? ¿O debes hacer ambas cosas? (aunque ahora digas que no tiene sentido: «¿Cómo voy a hacer ambas?»).

He aquí algunas medidas para controlar los berrinches:

No hagas caso del berrinche. No hacer caso te permite tomarte un respiro y calmarte. Es el primer paso y el más importante para domar al Dragón. De todas maneras, a muchos padres les resulta imposible quedarse contemplando un berrinche de su niño como si nada. Siempre se puede leer el periódico. Ir al cuarto de baño. Pasar el aspirador. Hacer algo que te distraiga. Así enseñarás a tu niño que lo que quieres es cortar con esa forma de expresar la rabia.

Ponte un tope de tiempo para no hacer caso del berrinche. Unos cinco o diez minutos, según la edad. Nadie mejor que tú conoce cuánto tiempo necesita tu niño para calmarse.

Una vez consumido ese tope, fija límites claros para que tu niño corte el berrinche. Dile: «Ahora cálmate. Cuando cuente hasta (el número que creas más adecuado) quiero que te controles.»

No descartes algún castigo si es necesario. Si después de contar (o cantar algo o poner su cinta favorita) tu niño se controla, magnífico. Abrázale fuerte y dedícale palabras de elogio. Pero si tu niño no se controla no descartes castigarlo. En el capítulo 22 que trata sobre la disciplina puedes elegir el castigo más adecuado para tu niño como ir al rincón, perder privilegios o hacer más recados por cada minuto que siga sin controlarse.

CÓMO REACCIONAR SI EL BERRINCHE NO SE TERMINA

¿Qué ocurre si tu niño se hace daño a sí mismo o a ti o rompe algo de la casa? Es un momento peligroso y hay que prestar atención a la seguridad.

- Lo primero es abrazarlo con fuerza para inmovilizarlo y decirle con energía: «Para ahora mismo.»
- Cuenta hasta (...) tal como se ha dicho más arriba.
- Si sigue en su actitud de pelea llévalo a un sitio seguro y aislado donde no pueda hacer ni hacerse daño.
- No hables a tu niño mientras se resiste. Vete tranquilizándolo delicadamente pero con firmeza. Luego déjalo. Hagas lo que hagas no servirá de nada en ese momento.

El siguiente ejemplo ilustra el caso de una familia que solucionó los berrinches de su niña.

Molly era una niña activa y obstinada. Su madre era una angustiada y su padre tenía un temperamento explosivo. La diferencia de temperamento de sus padres hacía que en casa de Molly siempre hubiera alguien molesto o fuera de sí o ambas cosas a la vez. Ella creía que la única forma de controlar la situación era con base en berrinches. Cuando empezó a ir al colegio su furia se hizo más intensa y frecuente de tal manera que, a veces, sus padres la hubieran estrangulado.

Querían que el problema desapareciera y se habían dado cuenta de lo más difícil de todo: que ellos eran parte del problema. Se esforzaban en cambiar su modo de reaccionar, mientras Molly iba cada vez peor.

Molly no se creía que sus padres fuesen a mantener la calma y tratar el problema de la rabia de manera distinta. Los ponía a prueba una y otra vez. Sus berrinches se hicieron más largos e intensos para hacer que sus padres la trataran como antes.

Los padres de Molly llegaron a la conclusión de que, si no le hacían caso, ellos podían tomarse un respiro y cambiar de actitud. Pero si no le hacían caso durante más de un minuto, entonces la niña explotaba. Decidieron fijar unos límites.

Si Molly tenía un berrinche, debía ir al hueco detrás de las escaleras, donde le pusieron un almohadón y material de dibujo para que lo utilizara para calmarse.

Para no oír los berrinches de la niña y verse tentados a intervenir, los padres ponían un disco y bailaban. Se reían y disfrutaban de no tener delante al Dragón.

Por cada minuto de berrinche, Molly tenía que dedicar otro tanto a quitar malas hierbas del jardín. Si se controlaba cuando sus padres contaban hasta diez y por cada vez que la familia respetase la señal de tranquilizarse, se daban puntos para pasar juntos algún rato especial. Pero el mejor premio era un gran abrazo y la sensación de haberlo conseguido ¡por fin!

No vayas a pensar que tienes que desplegar un sinfín de nuevas estrategias para cortar los lloriqueos y los berrinches. Lo más importante es aprender a cortar con los métodos antiguos de abordarlos. Si creas con tu ejemplo un ambiente de tranquilidad, ya has empezado a mejorar la situación. Si tu niño se da cuenta de que no puede sacarte de quicio, ya estás en el camino de establecer nuevos y mejores métodos.

Necesitas más tiempo para descubrir y entender exactamente cómo surge la cólera en tu familia, pero no debes bajar la guardia, sigue observando y escuchando. Cuanto más sepas, mejor podrás resolverla y cortarla creando un ambiente tranquilo. Ahora vamos a enseñarte algunos instrumentos útiles.

16. Enseñar a los niños estrategias para calmarse

La cólera de los niños se convierte en problema en el seno de la familia cuando es demasiado intensa, frecuente o destructiva. Los niños deben aprender formas de calmarse para dominar la cólera. Si saben que son capaces de controlarla, mejorará su autoestima y capacidad de dominio. Este capítulo está dedicado a enseñar a los niños formas de calmarse, con técnicas e ideas desde los niños más pequeños a los adolescentes.

Ayudar a tu niño a controlar sus tensiones interiores puede ayudar a prevenir estallidos de cólera que pudieran terminar en agresiones físicas o verbales. Al identificar los primeros síntomas de tensión puedes cortar de raíz el proceso y ayudar a tu niño a reducir su nivel de enfado o expresarlo de forma más adecuada.

Evaluación de los «ritmos» naturales de tu familia

Como mejor aprenden los niños estrategias para calmarse es de padres sensibles a los métodos propios de expresar la cólera en cada familia, por lo que tu primer paso es examinarlos. Hazte las siguientes preguntas:

Cuando los miembros de la familia llegan a casa cansados y frustrados, ¿cuentas con ratos para aliviar la tensión? ¿Están dedicados al niño? Hay padres que prefieren correr después de trabajar como forma de aliviar las tensiones de la jornada. ¿Qué modos de aliviar la tensión tienen tus niños? Necesitan momentos para relajarse, parte del tiempo que pasan solos.

Una breve siesta es vital para los niños muy pequeños y para los padres necesitados de descanso por tener un niño de dos años, pero no debería ser el único momento sin tensiones del día. El niño también necesita relajarse contigo con cuentos, canciones y abrazos.

¿Qué puedes hacer con un niño más mayor cuya constante actividad plantea exigencias a toda la familia? Hay familias que reaccionan con horarios detallados y calendarios muy apretados. Otras lo hacen de manera más desordenada. En ambos casos, muchos niños de seis a doce años apenas tienen tiempo «libre» para relajarse, bien solos, bien con sus padres. Tu niño y tú suelen estar sobrecargados. ¿Dónde están las válvulas de escape de las presiones y frustraciones?

¿Qué actividades los calman a ti y a tu niño? Pueden realizarlas tanto juntos como por separado. Sus estilos respectivos les dictarán la mejor manera de hacerlo. Serán sus rutinas las que indiquen cuándo necesitan hacer una pausa. Esos ratos de tranquillidad son vitales para tu niño y tú. Dales la importancia que tienen. Disfruten de su compañía.

Estrategias para tranquilizar a los niños

Una vez evaluado el ambiente de tu familia, estás en condiciones de enseñar a tu niño a controlar sus propias tensiones.

Bebés

Las madres sienten los cambios de estado de ánimo del niño durante el embarazo. A veces de modo inconsciente, realizan ciertos actos que los tranquilizan. Después del nacimiento, a medida que vamos aprendiendo a responder a sus llantos, los bebés nos dicen si hemos logrado aliviarles la tensión, el hambre o el dolor.

Los bebés nos enseñan a entender sus necesidades: qué contacto físico los calma, qué voces los consuelan, qué actos les ayudan a sobrellevar sus propias frustraciones. Mediante esta primera comunicación mutua tu bebé aprende el arte de calmarse a sí mismo. Pero si los padres son o demasiado activos o demasiado pasivos el niño no puede adquirir el autocontrol que necesita.

De bebé, Angie era activa y curiosa. Le encantaba jugar y solía acabar alterada por tantas emociones. Los padres la mecían para calmarla, pero eso la alteraba más todavía.

Uno de los momentos de mayor tensión era la hora de acostarse. Cuando Angie lloraba, los padres pensaban que estaba pidiendo que la tomaran en brazos. Por eso lloraba tanto, para que la tuvieran en brazos. Pero cuando los padres la dejaban con una cuidadora, Angie lloraba a moco tendido, pero luego se quedaba dormida.

Los padres pensaron que no estaban prestándole atención suficiente y buscaron la forma de calmarla a la hora de acostarse. Al principio se resistió, pero luego Angie acabó dependiendo de este ritual nocturno, un auténtico maratón de dos horas de cuentos, canciones y mimos. A los dos años, Angie no se podía relajar ni dormir sin un adulto en su habitación.

Los padres de Angie habían interferido en la manera de aliviar la tensión de Angie, por lo que ella no podía desarrollar sus propias estrategias. En una etapa en la que necesitaba desarrollar la independencia y el dominio de su cuerpo, Angie se hizo más dependiente de sus padres. Su rabia y su frustración fueron en aumento.

Entre dos y cinco años

A estas edades los niños necesitan formas de consolarse y calmarse por su cuenta. Por eso son tan importantes los peluches, porque satisfacen esa necesidad de consuelo. Si tienen cubiertas esas necesidades, están en mejores condiciones de aprender a bailar, cantar, pintar y jugar con construcciones. Estas actividades les proporcionan un gran alivio y sensación de control y autoestima.

Puedes ayudar a tu niño a que aprenda a relajarse al primer síntoma de cólera, instintivamente y valiéndote de esos ratos de tranquilidad que has impuesto en tu casa.

Empieza a canturrear en cuanto tu niño se ponga nervioso por algo que no le sale (por ejemplo, abrocharse un botón). Eso puede distraerlo y animarlo a intentarlo de nuevo con más tranquilidad.

Ayuda a tu niño a resolver por su cuenta las situaciones frustrantes con las que suelen encontrarse los niños.

Dale confianza en que puede resolver los problemas. Resolvérselos tú es fuente de mayor frustración, resistencia y cólera.

Conserva la calma y el optimismo. Emplea las técnicas que has practicado para mantener la calma. Tu enfado hará crecer el del tu niño.

Habla tranquilamente. Da a tu niño un buen ejemplo que imitar. Dile: «Yo también siento rabia a veces y hago (...) para calmarme.» Ponte a hacerlo y anima a tu hijo a que lo haga también.

Intenta distraerlo. Muchos niños reaccionan positivamente a esto. La distracción es más efectiva si da a tu niño la posibilidad de calmarse. Sugiérele releer juntos su cuento favorito. Recuérdale que sus peluches a lo mejor quieren jugar. Deja papel y lápiz a su alcance.

No trates de distraerlo con regalos ni premios. Sólo conseguirás que tu niño siga expresando mal la rabia para conseguirlos.

Entre seis y doce años

A medida que van creciendo los niños necesitan más tiempo propio. El tiempo que pasan en su habitación puede relajarlos, sobre todo si los padres les proporcionan materiales adecuados, como libros, cintas, artículos para manualidades o artes y sus objetos favoritos. Los niños más activos se lo pasan bien en esos ratos cumpliendo algún encargo o jugando. Y son más efectivos si sugieres que lo haga antes de que estalle. En caso de comportamiento agresivo, hay que imponer la disciplina.

No le dejes dar rienda suelta a la agresividad

Ciertas terapias de adultos han fomentado la creencia en que las personas almacenan sus emociones y de vez en cuando necesitan aliviar la tensión gritando, lanzando almohadas o soportando masajes violentos. «Todo vale para echar fuera tensiones.» Pero no hay un solo indicio de que fomentar la agresividad reduzca los problemas que plantea controlar la rabia. En cambio, hay muchos datos que sugieren que así se potencian las tendencias agresivas.

Hay padres que animan a sus niños a golpear almohadas cuando sienten rabia. Estos niños realizan actos agresivos mientras tienen pensamientos agresivos, que pueden ser incluso fantasías de venganza.

Es un error permitir que los niños se comporten agresivamente cuando sienten rabia, incluso con sus juguetes u otros objetos. Eso impide que los niños practiquen formas mejores de aliviar tensiones tales como hacer deporte, bailar, dar una vuelta, montar en bicicleta, pasar el aspirador o quitar los desconchones de pintura de la casa. Todo eso da tiempo para pensar y ayuda a tranquilizarse a los niños.

Ejercicios de relajación

Muchos niños de estas edades reaccionan bien a los ejercicios de relajación como los recogidos por Elizabeth Stroebel, Charles Stroebel y

Margaret Holland en *Kiddie Quieting Responses*, donde se exponen las siguientes estrategias activas para ayudar a los niños a calmarse:

Muñeca de trapo: el niño se dobla imitando los movimientos desmadejados de una muñeca de trapo. Luego, se deja caer relajado de manera que no ofrezca resistencia si le levantan el brazo.

Fiesta de cumpleaños: El niño respira hondo y sopla despacio las velas de un imaginario pastel de cumpleaños. Después, tranquilamente y con los ojos cerrados, piensa en un deseo e imagina algo que lo haga feliz. Utiliza una imagen que le guste a tu niño: inflar un globo, flotar en un océano de batido de chocolate.

Tensar y relajar: Si has hecho aerobic o yoga ya sabes que debes tensar y flexionar los músculos antes de relajarlos. Quienes sufren dolores crónicos de espalda relacionados con tensión muscular también aprenden esta técnica. Los tratamientos para dolores de cabeza y cuello originados por la tensión también se basan en el principio tensar-relajar.

Aunque la técnica tensar-relajar parezca fácil de enseñar, resulta más fácil si ayudas a tu niño a «ver» el ejercicio imaginando como modelo a un personaje fantástico o un deportista famoso, como en el siguiente ejemplo.

Billy era un niño nervioso, que pasaba de colaborar y ser sensible a mostrarse tenso y frustrado con facilidad. Estallaba en berrinches si no podía hacer lo que se proponía. Su madre se convirtió en un blanco fácil de su ira. Aunque ella intentaba mantener la calma y no perder el sentido del humor, Billy rechazaba sus intentos de ponerle límites. Si ella le cantaba, como le había hecho de pequeño, él se desgañitaba gritando a pleno pulmón.

La madre decidió celebrar una ceremonia en la que Billy recibía una gorra de béisbol con el número 24, el de su jugador favorito. Billy podía llevar la gorra siempre que mantuviese la calma.

Cuando se enfadaba, debía practicar un ritual secreto de béisbol. Tenía que flexionar los músculos y adoptar distintas posturas de batear. Después, a una señal de su madre, debía quedarse quieto y pensar en alguna buena acción.

Si era capaz de tranquilizarse le dejaban jugar o ver su video favorito de béisbol antes de la cena. Y si no se controlaba y cambiaba de actitud, perdía sus privilegios. Billy fue poco a poco dominando su mal genio.

Adolescentes

Los estudiantes de secundaria deben hacer frente a fuertes presiones: mayor exigencia académica y deportiva, angustia frente a la propia imagen, nuevas amistades y la posibilidad de comportamientos de riesgo. La casa familiar puede convertirse en la válvula de escape de las presiones.

Aparentemente la furia del adolescente no obedece a nada en concreto. Son como tormentas emocionales que de pronto descargan en tu familia. Si te sientes impotente ante este cataclismo emocional, el adolescente te ha hecho llegar una excelente señal sobre cómo se siente.

Érica había sido una niña revoltosa, angustiada y fácilmente irritable. Al llegar a la adolescencia se convirtió en una persona muy controlada y organizada. Pero al comenzar la secundaria se sintió desbordada por la montaña de presiones y no pudo mantener su imagen de confianza y eficacia. Se sintió una fracasada y le dio miedo que le avergonzasen si veían a la «auténtica» y vulnerable Érica.

El menor problema se le antojaba gravísimo. Si sus padres le decían que había dejado una toalla en el suelo o que no había hecho un recado, Érica estallaba. Empezaba a meterse con su hermano pequeño y a sacarle faltas.

El conflicto familiar fue en aumento y, aunque Érica ganaba batallas, fue perdiendo confianza. ¿Cómo iba a ganarla destrozando a los demás? ¿No era hora de aprender a enfrentarse con sus tensiones y calmar su furia interior?

A medida que van madurando, la mayoría de los adolescentes van siendo más capaces de identificar el motivo de su rabia y sus tensiones. Necesitan formas seguras de estar separados de la familia cuando atraviesan tensiones. Practicar deportes, hablar con los amigos e incluso realizar faenas domésticas pueden ser formas constructivas de aliviar la tensión.

Pactos entre padres e hijos adolescentes

Si a veces el adolescente no está en condiciones de exponer sus sentimientos y necesita estar solo para calmarse, pueden llegar a un pacto.

Un sitio propio. Suele funcionar lo de ir a casa de un amigo dando un paseo o en bici. Pero el mejor sitio de todos es su habitación.

Dejar notas o cualquier tipo de mensaje para indicar que necesita estar solo para tranquilizarse. Ya habrá tiempo después de solucionar problemas y conflictos.

Respetar la hora de volver a casa y estar dispuesto a poner los problemas sobre el tapete.

Establecer sanciones en caso de incumplimiento de los pactos.

Reuniones familiares para fijar límites

Volvamos a Érica, la adolescente que había hecho de su familia un campo de batalla porque no había aprendido a controlar sus tensiones.

Durante una reunión familiar, sus padres y su hermano le dejaron claro que no volverían a responder a las provocaciones y rabietas de Érica. Estaban a su disposición para escucharla, ayudarla con las tareas o jugar a baloncesto para relajarse.

Por su parte Érica debía desconectar del colegio más constructivamente. Podía elegir entre hacer deporte, escuchar música, ver la TV, tomar algo o telefonear a sus amigas. Si no elegía algo que le gustara, los padres le pondrían una actividad que le aliviara la tensión. Había muchas cosas que hacer en la casa. Por cada minuto de furia, Érica debería dedicar diez minutos extra a esas cosas.

¡Es posible la coexistencia pacífica! Todos, bebés, adolescentes y padres, necesitamos cariño y consuelo. Los ratos para relajarse, reponer energías y recuperarse son una parte vital de la vida cotidiana de la familia. Son pausas que evitan conflictos y estallidos.

Apartarnos de los demás cuando empieza a surgir el conflicto nos da a todos la posibilidad de calmarnos y tranquilizarnos. Después estamos en mejores condiciones de comprender y resolver los problemas provocados por la ira. ¡Sigue leyendo si quieres saber cómo!

17. Medir la cólera de la familia

A los niños les gusta medir y clasificar, sobre todo a medida que aumenta su deseo de ordenar y aprender. Tu niño puede ayudarte a componer un sistema de calificación de la rabia en tu familia que os ayude a calmarla. Este sistema se llama nivel de furia y sirve para que cada miembro de la familia se autocontrole. Les ayudará a ser más conscientes de cómo surgen las discusiones, broncas y estallidos.

Cómo establecer tu nivel de furia

Debes hacerlo en familia. Observa el siguiente ejemplo y sigue las instrucciones.

- Dibuja un termómetro grande con una escala de uno a diez. «Uno» es calma absoluta. A partir del uno, cada número indicará un aumento gradual en el nivel de enfado.
- A un lado anota los pensamientos, palabras y actos que realizas al encolerizarte.
- Al otro lado anota los pensamientos, palabras y actos de tu niño cuando se encoleriza.

Los niños de seis a doce años pueden disfrutar ilustrándolo, de modo que abajo los colores y el tema reflejen un estado de calma familiar y

Nivel de furia familiar

Padres	¡Explosión!	Hijos
Papá grita, mamá llora		**Tirar cosas, gritar, patalear**
		Encerrarse en la habitación
Puñetazos sobre la mesa		**Portazos**
Levantar la voz		
		Gritos, palabrotas, patadas
Miradas fulminantes		**«Nunca me dejan...»**
«¡No!»		
		...Discute
Repetimos más alto		
		«¡No! ¡Así no quiero!
Repetimos...		
		«¿Por qué?»
Repetimos...		
		«Exijo que...»
Tu niño molesta		
		«Exijo que...»
		Quiero esto...

Arriba dibuje un dragón echando fuego por la boca o un dibujo de papá y mamá nerviosos para recalcar el mensaje.

Utiliza el nivel de furia para hablar de ello en familia

Una vez obtenido el nivel de furia, utlízalo para hablar de ello en familia. Para que todos entiendan cómo funciona, aplícalo en un conflicto reciente. A medida que reconstruyes la situación que desembocó en conflicto, tu niño verá que son a la vez la causa y la solución del problema. Empieza por reconocer tu responsabilidad. Después haz que tu niño repare en cómo se encoleriza y pierde la calma. Pon el acento en los actos y palabras que empleas y que ocasionan los estallidos de rabia. Comenta qué reacciones tuyas aumentan la tensión. Expresen en voz alta lo que tú y los demás piensan sobre lo que aumenta las tensiones. (Teniendo en cuenta la edad del niño, por supuesto.) Las siguientes preguntas pueden ayudarte a centrar la discusión:

- ¿Qué pensamientos, palabras y actos utilizas para aliviar tensiones?
- ¿Qué puede hacer cada uno de ustedes para impedir que aumente la tensión?
- ¿Si tú controlas la cólera, la controlan también los demás o te provocan para que estalle el conflicto?

Líneas maestras del nuevo estilo

Ahora ya puedes servirte del nivel de furia y de la conversación familiar para poner en práctica un nuevo sistema con las siguientes líneas maestras.

Localiza el umbral

Para reconstruir el conflicto debes localizar el umbral a partir del cual cada miembro de la familia sabe que empieza a encolerizarse. Rodeen el número en el nivel de furia con un círculo rojo o pónganle una señal de «Peligro». Es hasta llegar a ese punto donde cada cual puede hacer más cambios. Por debajo de ese índice podemos controlarnos mejor, emplear estrategias para calmarnos y hablar tranquilamente. Una vez localizado el umbral, pasen al siguiente punto.

Poner nombre al umbral

Pónganle nombre al umbral. Cuanto más participe el niño en la elección, tanto mejor. El nombre puede aludir a la ira (Código Rojo, Dragón, ¡Alerta!) o la calma (Calma, Tranqui, Tormenta de nieve). Una palabra secreta puede tener un poderoso atractivo. En cualquier caso, deben elegir una palabra que no empleen en otros momentos.

Respetar el nombre

Deben ponerse de acuerdo en respetar dicho nombre. Cualquiera debe poder emplearlo si la rabia propia o de otro ha llegado al umbral.

A muchos padres les preocupa que, en medio de los conflictos, sus niños no respeten la señal. Después de probar, seguro que a tu niño le gustará la idea y sugerirá posibles adaptaciones.

En realidad, son esos padres los que encuentran dificultades para respetar la señal. Los niños hacen la señal cuando los sermonean, critican y castigan, porque son momentos en los que sube la tensión. Con esa interrupción están advirtiendo de una probable subida de la tensión que puede desembocar en una manifestación inadecuada de la rabia.

Un minuto de silencio

Al pronunciar la palabra, todo el mundo debe dejar de hablar y de moverse y guardar un minuto de silencio. Durante ese tiempo, cada uno debe intentar relajarse físicamente y pensar en algo agradable.

Ser un modelo de calma

Preocúpate de mantener la calma por encima de todo. Después de que todos se hayan calmado es cuando puedes imponer la disciplina. Debes ser un modelo de calma. A veces ayuda decirlo en voz alta: «Voy a tranquilizarme», «Voy a respirar hondo seis veces», «Imagíname flotando sobre un batido de chocolate». Deja que tu niño oiga las técnicas de control mental que aplicas para guardar la calma.

Al acabar el minuto de silencio, puedes preguntar: «¿Ya estás tranquilo para hablar?» Si la respuesta es afirmativa puedes mantener una breve conversación familiar para decidir si el asunto puede resolverse inmediatamente o son necesarias más reuniones para llegar a la solución. Si, después de un minuto de silencio, todavía no se han calmado todos, debe ir cada uno a una habitación diferente durante un rato, fijen luego una hora para reunirse y resolver el problema. (Véanse en los capítulos 19 y 20 más ideas sobre organización de reuniones para hablar de sentimientos y fijar tiempo para resolver problemas.)

Practicar la señal

Es importante practicar cómo utilizarías la señal en situaciones reales. Juega a «¿qué pasaría si...?». Representa un estallido de cólera. Deja que los demás hagan y respeten la señal por turno. Practícalo varias veces durante los primeros días, mostrando una actitud positiva por pequeños que sean los avances del niño.

Dejar claros los castigos

A veces tu niño puede intentar emplear la señal para evitar el castigo o tener que asumir la responsabilidad de sus actos. Deja claro desde el principio que, tras el minuto de silencio, se impondrá la disciplina que corresponda. Al cabo de ese minuto puedes tener ya calma suficiente para resolver sin acalorarte; y tu niño estará en mejores condiciones de obedecer y disculparse por su mal comportamiento. No debes tratar el problema hasta que las condiciones sean favorables y tu niño esté calmado.

Muchos padres no necesitan recurrir al castigo por no respetar la señal, les basta con alargar el tiempo de silencio. De todas maneras, un niño muy agresivo, con larga trayectoria de rabietas y peleas por el control, tal vez necesite más. Puedes hacer una lista de tareas domésticas y explicarle que, por cada minuto que esté descontrolado, pasará diez minutos dedicado a esas tareas. También se le pueden limitar privilegios, prohibirle u obligarlo a devolver cosas o hacer las tareas domésticas encomendadas a la persona con quien se ha encolerizado.

Emplear incentivos

Da premios por respetar la señal y el minuto de silencio. Los premios que se dan en familia por compartir las tareas dan unos resultados magníficos. A los niños más mayores les gusta trabajar si con ello van a poder estar más tiempo con sus amigos y a los más pequeños si así van a conseguir chucherías. (Los adictos a computadoras y videojuegos seguro que lo hacen por tener más tiempo para sus juegos favoritos).

Revisa el nivel de furia

Tras utilizar el nivel de furia durante una semana, conviene celebrar una nueva reunión familiar para ver si ha habido progresos. Revisa los indicadores de temperatura y, en caso necesario, detalla más los comportamientos, pensamientos y actos que la hacen subir. Puedes dar mayor relieve a las prácticas orientadas a tranquilizar al grupo, siempre que todos respeten la señal. Por ejemplo, lanzar tiros libres a canasta o hacer muecas puede ser una manera más divertida de pasar el minuto de silencio. Sé creativo. ¡Haz cosas que sirvan! Recuerda: no hables hasta que todos se hayan calmado.

Elogia a tu niño por respetar la señal. Anímalo a estar orgulloso de su autocontrol cada vez mayor. Expónle tus propias dificultades para respetar la señal y lo que haces para calmarte. Mantén el sentido del humor y el optimismo mientras lo cuentas.

Al cabo de varias semanas, empezarás a darte cuenta de que tu familia utiliza menos la señal y de que tú tienes menos estallidos de rabia. Ponte un objetivo y vete anotando el número de estallidos de rabia. Cuando hayas llegado al mínimo ¡celébralo!

Cuarta parte
Estrategias para comunicarse, resolver conflictos e imponer la disciplina

18. Hablar con un niño pequeño enrabietado

El Dragón de la cólera presenta muchos rostros y matices, desde el morado de la furia hasta el rosa de la indignación o el gris del resentimiento. El rostro del Dragón que veas en tu familia va a depender de la edad y temperamento de tu niño (y del rostro que veas al mirarte en el espejo).

Enseñar a tu niño a hablar de la rabia y otras emociones es una de tus mayores responsabilidades como padre. El modelo que ofrezcas y la forma en que compartas tus sentimientos vale más que mil palabras. Si expones tus sentimientos tranquila y respetuosamente, tu niño aprenderá a emplear ese modelo. Si vociferas y despotricas cuando sientes rabia tu niño verá que esa es la norma.

Lo primero es escuchar

La forma de reaccionar cuando tu niño te habla de sus sentimientos es particularmente importante. Los padres deben esforzarse por crear un clima de comprensión y aceptación cuando los niños les confían sus sentimientos de dolor, tristeza, decepción, frustración y cólera. Si estás demasiado ocupado o distraído para reaccionar o no tienes en cuenta o no haces caso a tu niño, se sentirá frustrado. Algunos niños tenderán a encerrarse en sí mismos; pero otros pueden hacerse más rebeldes para llamar tu atención.

Así como es bueno que tu niño vea que le escuchas, también lo es enseñarle a que escuche y tenga en cuenta los sentimientos de los demás. Escuchar no implica necesariamente ceder ante las exigencias irracionales o inadecuadas que a veces acompañan a la expresión de las emociones. («Quiero» no siempre acaba en «consigo».) La auténtica comunicación empieza por el respeto mutuo.

Estrategias de comunicación para las distintas etapas

Cuando estés seguro de que tu niño y tú se comprenden mutuamente, puedes iniciar la importante tarea de buscar el compromiso y solucionar problemas.

Comunicarse con los bebés

Solemos dar por supuesto que los bebés no entienden el lenguaje porque no hablan todavía. Pero los bebés responden tanto a la comunicación verbal como no verbal. Piensa cómo reaccionaría tu bebé en esta situación:

Papá ha estado meciendo a Andy y lo ha echado a dormir la siesta. A los cinco minutos Andy empieza a gritar en la cuna. Papá va a ver qué pasa y se encuentra con que Andy ha tirado el chupón al suelo. Con voz suave, papá dice: «Vaya, Andy se ha enfadado. No llega al chupón. Espera un segundo y papá volverá con el chupón de Andy limpio.» Papá lava rápidamente el chupón en el lavabo y vuelve junto a Andy, que se ha calmado. Papá dice: «Aquí está el chupón de Andy. Ahora todo está otra vez bien para Andy. Y ahora Andy se va a dormir.» Papá toca suavemente con un dedo la mejilla de Andy y sale de la habitación mientras el bebé chupa pacíficamente.

La mayoría de los bebés sabrían que el tono suave de papá significa que entiende lo que necesita el bebé y se va a ocupar de ello. Pero ¿cómo hubiera reaccionado Andy si su padre hubiera asomado la cabeza por la puerta y, al ver que el bebé no corría peligro, le hubiera dicho: «¿Para qué necesitas el (interjección) chupón? ¡A callar y a dormir!»

Cuando gritas a un bebé, él se siente desconsolado e incomprendido. Puede volverse más irritable, inquieto y frustrado porque nadie ha comprendido sus sentimientos ni ha atendido sus necesidades.

Cada vez que respondes a los llantos y manifestaciones físicas de desconsuelo de tu bebé, le estás enseñando que tales manifestaciones son importantes. Así aprende que los demás escuchan, entienden y ayudan. Al mecerlo o cambiarle los pañales, le estás mostrando sin palabras que lo cuidas y comprendes al darle consuelo y apoyo. Tu bebé es demasiado pequeño para entender las palabras, pero tú puedes empezar el proceso verbal de nombrar los sentimientos con un suspiro o un arrullo. También puedes potenciar sus primeros intentos de autocontrolarse elogiándolo, por ejemplo, cuando echa mano del chupón para calmarse.

Comunicarse con niños de hasta dos años

Entre uno y dos años los niños se sirven de los berrinches para expresar sus sentimientos y necesidades. Aunque no les haga mucha ilusión a los padres, conviene considerar estas manifestaciones del temperamento como intentos del niño de conseguir algo que le satisfaga. A esta edad es muy importante poner nombre a los sentimientos del niño, atender sus necesidades y darle formas de consolarse. Claro que satisfacer sus necesidades es lo que haría desaparecer la rabieta, pero eso no siempre es posible ni adecuado. El niño necesita tu ayuda para aprender a controlarse.

Jenny grita cuando su madre deja fuera de su alcance el mechero brillante. Sus gritos significan que lo quiere coger. Pero la madre no puede lógicamente consolarla dándole el mechero. Lo guarda en un armario con la esperanza de que Jenny lo olvide. Pero no sucede así, sino que los gritos de Jenny arrecian. ¿Qué puede hacer su madre en ese momento?

La madre de Jenny ya está en condiciones de enseñarle sus primeros pasos hacia el autocontrol.

- Puede decir a Jenny que no le da el mechero porque se puede quemar.
- Puede ofrecerle a cambio otros juguetes seguros, como una pelota de trapo o un peluche.

Así es como la niña empieza a sentirse comprendida: «No puedo conseguir lo que quiero, pero mi madre me ha explicado por qué y con qué puedo jugar.» Jenny empieza a entender que puede elegir. Ha empezado el aprendizaje del autocontrol.

A Jenny no se le debe consentir ni que siga con el berrinche ni que alcance el mechero. Incluso en esta etapa los niños necesitan límites frente a las expresiones inaceptables de rabia o estrategias alternativas.

Puedes transmitir los siguientes mensajes a través del lenguaje y con tu ejemplo:

- «Si manifiestas lo que sientes, lo entiendo. Cuando lo haces tranquilamente, me ayuda a escucharte. Si te entiendo, podré pensar en cómo ayudarte a controlar y satisfacer tus necesidades.»
- «No voy a ceder a tus exigencias cuando pierdes el control. Lo que puedo hacer es ayudarte a encontrar formas de consuelo y a responder a mis intentos de calmarte.»

Sé claro en estos asuntos. Ayuda a tu niño a saber cómo expresar los sentimientos de manera adecuada. Fija límites claros. Así estarás sentando las bases para etapas posteriores.

Comunicarse con niños de hasta cinco años

«¡Quiero eso! ¡Quiero eso YA! ¡Si no, me enfadaré! ¡Y entonces ya verás! ¡Daré patadas, gritaré, correré, tiraré cosas, me quejaré y haré la vida imposible a mis padres! ¡Conseguiré lo que quiero! ¡Me enfadaré y ustedes cederán!»

Por desgracia este discurso es demasiado frecuente. En público solemos ceder a las exigencias de nuestro niño por temor al escándalo o a empeorar las cosas. Y en casa cedemos ante los berrinches porque estamos cansados o frustrados. O quizá creemos que nuestro niño no puede comunicarse de forma más madura. Al ceder hemos dado a nuestro niño una lección de comunicación *(los hechos valen más que las palabras, cuanto más grites mejor, se gana por la fuerza física)*, aunque seguramente no es la que nos gustaría que aprendiera.

A estas edades los niños ya conocen el significado de las palabras «contento», «triste» y «enfadado», aunque suelen limitar la comunicación de los sentimientos principalmente a actos físicos. Interpretamos las emociones y necesidades de nuestro niño a partir de ciertos actos. Si no acertamos, crece su frustración. Mediante el empleo de palabras sencillas para nombrar los sentimientos estamos dándole un ejemplo positivo de cómo se utiliza el lenguaje. Nuestro ejemplo a la hora de comunicarnos ayuda a que nuestro hijo se sienta comprendido.

No puede explicar el porqué

«¿Por qué?» es la expresión más habitual de la curiosidad infantil. Como lo oímos emplearla tan a menudo, damos por supuesto que además de preguntar el niño sabe responderse. Lo miramos exasperados y le preguntamos: «¿Por qué estás enfadado?» La respuesta típica es «porque sí» o «por tu culpa». Esperamos que nuestro niño pueda ofrecernos explicaciones de sus sentimientos. Incluso lo sermoneamos al respecto.

Estás pidiendo peras al olmo si esperas que tu niño pueda explicarte sus sentimientos. Es una fuente de decepción para ti y de confusión para él. Es natural querer que tu niño te muestre sus sentimientos a estas edades. Pero sin esperar que lo haga de modo controlado y racional. A esta edad el lenguaje es el medio para un fin, o, dicho de otra forma, su finalidad es satisfacer las necesidades egocéntricas del niño. Los sentimientos suelen ser una consecuencia de si se han satisfecho o no sus necesidades.

Hay que darles pautas de comunicación

Puedes ayudar a que el niño entienda lo que es una comunicación aceptable. Los siguientes mensajes sirven de límites para sujetar las manifestaciones inadecuadas de cólera. Sirven de pauta para comunicarse de forma aceptable y constructiva:

- «Si gritas no te entiendo.»
- «No voy a escucharte hasta que no me hables normalmente.»
- «Dime lo que quieres, no lo que no quieres.»
- «Con rabietas no vas a conseguir nada.»

Una vez que tu niño ha aceptado hablar en un tono controlado de voz, debes prestarle toda tu atención. Debes tener en cuenta todo cuanto dice, así como el modo y el lenguaje corporal. Repite todo o parte de lo que haya dicho, eso le hará ver que le has oído. Al hacer esto le ayudas a aclarar sus pensamientos y le ofreces un trampolín para explicarse mejor.

Enséñale a emplear el lenguaje para resolver conflictos

A esta edad los niños ven los sentimientos en blanco y negro. Contento o triste. Contento o enfadado. Contento o malo. Triste, enfadado, malo: los niños meten estas tres emociones en el mismo saco. Para un adulto estas palabras tienen significados muy diferentes, pero para los niños son lo mismo.

A los cuatro años Heather jugaba perfectamente con otros niños en casa de su cuidadora o en la casa de sus amigos. Pero cuando su madre invitaba a alguno a casa, Heather se ponía a quejarse, no hacía más que discutir y querer mandar. Cuando no se salía con la suya gritaba «¡te odio!». Si su madre le preguntaba qué le pasaba ella se descontrolaba aún más, y gritaba que todo el mundo la trataba mal y por eso estaba enfadada.

El comportamiento de Heather era «malo» pues infringía normas domésticas que habitualmente solía cumplir. Cuando no podía más, su madre le decía: «¡Para ya o tu amigo se va a casa!» Heather protestaba a gritos y su madre pedía a su amigo que se fuera. En cuanto su amigo se iba, Heather se tranquilizaba y se quedaba jugando tranquilamente en su habitación.

La madre no tenía ni idea de cuál era el problema de Heather. A la hora de acostarse le preguntaba si tenía hambre o celos o si estaba cansada, enfadada, triste o molesta por algo que no le hubiera contado. Todas estas preguntas lo único que hacían era empeorar el comportamiento de Heather. Empezó a contar mentiras sobre las cosas malas que le había hecho su amigo, aunque a su madre le costaba creérselas. Las rabietas y gritos de «¡Te odio!» de Heather iban en aumento.

Para entender a Heather y ayudarle a que se entendiera a sí misma su madre siguió unos pasos, que tú también puedes seguir para ayudar a tu niño a comunicar sus sentimientos.

Lo primero es fijar límites

La madre de Heather decidió que había que imponer cierta disciplina antes de que su hija pudiera hablar de sus sentimientos o sus necesidades. Heather necesitaba límites. La madre le dejó claro que le ayudaría y escucharía si le hablaba en tono tranquilo. En cambio, si se ponía a gritar, la sacaría de la habitación y ella seguiría jugando con su amigo, en lugar de mandarlo a su casa.

Deja actuar a tu niño

La madre de Heather también se dio cuenta de que no debía intervenir ni hablar por Heather al menor síntoma de conflicto. Le dijo a su hija que confiaba en que ella sabría resolver los desacuerdos con su amigo por sí misma.

Escenifica el conflicto

Cuando madre e hija jugaban a las muñecas a la hora de acostarse, la madre escenificaba conflictos valiéndose de las muñecas. Hacía que una de ellas se descontrolase y pedía consejo a otra, que hacía de Heather. A continuación la madre llevaba a Heather a una conversación de frases y preguntas sencillas que podía servir para resolver el problema.

- «Dejemos de pelear.»
- «¿Me dejas el juguete cuando termines?»
- «Este juguete para ti y éste para mí. Luego nos los cambiamos.»

Heather practicó sus habilidades de autocontrol y conversación a través del juego. Más adelante empleó estas frases y preguntas con sus compañeros en situaciones reales. Heather no podía expresar pefectamente cómo se sentía ni por qué, pero era mucho más capaz de calmarse y evitar que surgieran conflictos.

No agobies a tu niño

La madre se dio cuenta de que la rabia de Hetaher disminuía si la dejaba jugar a su gusto. La presencia de la madre avivaba la rabia de la niña. Puede que Heather estuviera celosa de las atenciones de su madre con sus amigos o resentida por el hecho de que su madre estuviese siempre encima, dispuesta a intervenir al menor problema. Heather no podía explicar estos asuntos a su madre, pero era lo bastante mayor como para expresarse.

Podía emplear el lenguaje para autocontrolarse y resolver los problemas con su amigo.

Comunicarse con niños entre seis y doce años

Al empezar la educación primaria, tu niño ya ha comenzado a dominar los estallidos infantiles de rabia. Ya le has enseñado que una cosa es querer algo y otra conseguirlo. Le has enseñado que, si quiere que tú le escuches, debe calmarse y hablar con tranquilidad. Le has dado estrategias sencillas para resolver conflictos. Ahora está en condiciones de emplear el lenguaje con mayor efectividad para autocontrolarse.

Tu niño y tú saben qué es lo que le provoca la rabia: Perder algo valioso para él, que se le estropee un videojuego, las puyas de un amigo, las tareas domésticas. Ya es hora de enseñarle que el lenguaje es un modo muy efectivo de afrontar situaciones molestas.

Que algo le avergüence en público también puede provocarle un estallido de cólera, lo que sin embargo no hace que un niño de esta edad gane más amigos o mayor reconocimiento. Sólo lloriquean los bebes; sólo son violentos los matones. Los niños se ganan el aprecio siendo tranquilos y dejando que gane todo el mundo. Los chicos pueden aprender a calmarse para ofrecer una buena imagen, primero con sus amigos y luego contigo.

ENSEÑA A TU NIÑO «¡YO ME CALMO!»

Este juego puede ayudar a reaccionar a tu niño ante un acontecimiento difícil. Puede enseñarle a tener en cuenta las consecuencias, afrontar su rabia, pensar en cómo actuar y evaluar la efectividad de su comportamiento. La frase «¡Yo me calmo!» es el acróstico de:

YO: Yo he de preparar
ME: Mi plan
C: Calma

AL: ¿Ahora qué hago?

MO: Miro lo que he hecho

Y se juega así:

YO: *Yo he de preparar*. Al presentarse un acontecimiento difícil solemos hablarnos a nosotros mismos para prepararnos a afrontarlo. Las frases negativas («No, otra vez no», «¡Qué pesado! «¡No tiene derecho a hacer eso!») hacen aumentar la cólera. Mientras que las frases positivas la apaciguan y ayudan al niño a prepararse. Frases como las siguientes preparan al niño ante una provocación o tensión determinada:

- «Voy a arreglar este asunto.»
- «Ya sé que es molesto, pero no es la primera vez que lo arreglo.»
- «Esta vez no le va a servir de nada.»
- «Mantén la calma.»

ME: *Mi plan, mis pensamientos, mis sentimientos*. En cuanto surge alguna tensión, muchos niños reaccionan con manifestaciones físicas de enfado. Tu niño puede aprender a pensar en cómo quiere reaccionar. Lo primero que debe hacer es situarse:

- ¿Cuál es el problema?
- ¿Qué siento? ¿Qué quiero?
- ¿Cómo explicar lo que siento o lo que quiero respetando los derechos de los demás?
- ¿Cómo escuchar lo que la otra persona me está diciendo?

Tu niño aprende a controlarse pensando en la situación por la que atraviesa.

C: *Calma*. Un niño un poco mayor puede aprender a detectar los síntomas de malestar físico. Puede controlar cómo «sube la temperatura» de sus sentimientos. Puede pensar:

- «Debo estar enfadándome mucho. Me sudan las palmas de las manos y se me cierran los puños.»
- «Estoy gritando. ¡Quiero pegar!»

Hablarse a sí mismo sobre su malestar ayuda al niño a identificar lo que ocurre y le alerta de que debe poner en juego alguna estrategia. Los instrumentos más efectivos y fáciles de aplicar son las técnicas de relajación física expuestas en el capítulo 17.

También puede utilizar recursos verbales para controlarse. Puede decirse para sus adentros:

- «Necesito mantener la calma.»
- «Tranquilo.»
- «No es para tanto.»
- «Tranquilo, no cometas ninguna tontería.»
- «Imagina que estás tomando un batido de chocolate y primero tienes que terminártelo.»
- «Respira hondo.»

Además de calmarse tu niño puede recurrir a fantasías que le ayuden a controlarse. Puede aprender a emplear imágenes verbales y visuales que le proporcionen calma y un estado mental distinto, como en el siguiente ejemplo.

Las amigas de Carrie se metían con ella, porque sabían que eso la ponía furiosa, se echaba a llorar y se marchaba muy enfadada. Era una forma de divertirse durante las tardes aburridas del verano. Pero esta vez, cuando empezaron a meterse con su pelo rojo, Carrie no dijo una sola palabra. Se quedó callada, canturreando interiormente un conocido anuncio de televisión e imaginándose tranquila y sonriente flotando en una enorme copa de su helado favorito.

Como Carrie no reaccionó con su rabieta habitual, sus amigas perdieron el interés de meterse con ella y la dejaron.

El mensaje de la fantasía de Carrie es claro: Si estás tranquila, ganas tú.

AL: *¿Ahora qué hago?* Tu niño también puede aprender a hablarse a sí mismo para trazarse un plan de actuación. Puede concretar sus sentimientos y necesidades e imaginar los sentimientos y necesidades de la otra persona. Si no está seguro, puede ensayar preguntas que le ayuden a ver más claramente la posición de la otra persona. Puede pensar:

- «¿Qué quería mi amigo la última vez que nos peleamos así?»
- «¿Qué querría yo si estuviera en su lugar?»
- «Si le escucho, él me escuchará.»
- «Si me concentro en lo que queremos cada uno, nos llevaremos mejor.»

Una vez que ha pensado en lo que quiere la otra persona, podría decir: «Puede que ambos tengamos razón» o «vamos a ponernos de acuerdo en qué hacer». Frases así sirven para escucharse y tenerse mutuamente en cuenta. *«¿Cómo conseguir lo que queremos los dos?»* es una parte importante del plan.

Cuando tu niño está enfadado o en conflicto con otro niño, es importante que el plan al que nos estamos refiriendo sea cosa suya en la medida de lo posible. Si tú le das las respuestas para resolver el problema, le robas el orgullo de dar con la solución. Tu papel consiste en ayudar a tu niño a trazar y ejecutar su plan. Y la mejor ayuda es darle un buen ejemplo. Al fin y al cabo, todos cometemos errores. Adopta la costumbre de dejar que tu niño te oiga pensar en voz alta cuando tienes conflictos o sientes cólera. Habla de lo que haces para calmarte. Cuenta tu plan para resolver el conflicto. Tus palabras te servirán para controlarte mejor y enseñarán al niño a resolver los problemas.

MO: *Miro lo que he hecho*. Tras haber resuelto la situación, tu niño puede hablarse a sí mismo para elogiarse por haberlo logrado. Aunque la solución no haya sido del gusto de todos, elogia a tu niño por los aspectos positivos de su plan y por haberse controlado. Pídele que exponga lo que cree que le ha servido. Si no está muy satisfecho del resultado, debes apoyarlo y ayudarle a pensar en los aspectos positivos.

Apoyarlo consiste en ser constructivo. No digas a tu niño «Deberías haber hecho esto», sino pregúntale qué va a querer hacer la próxima vez.

Tú puedes sugerir alguna idea para futuros planes de actuación diciéndole: «Esto es lo que yo hacía a tu edad cuando tenía problemas como los tuyos.» Los niños prefieren historias antes que sermones. Tu historia ganará en efectividad si le cuentas los errores que cometiste en situaciones semejantes y destacas lo que él ha hecho para evitarlos. Recuerda que lo importante de la historia es tu niño, no tú.

«YO ME CALMO» puede funcionar tanto para ti como para tu niño. Recuerda, se tardan meses en dominar este juego, porque exige calma, diálogo interior y técnicas de solución de problemas.

Empieza poco a poco. Juega a «¿Qué pasaría si...?» Practica mientras comes o conduces el coche. Premia a tu niño por los avances que observes en él. Celebra cuando él o tú hayan utilizado con éxito «Yo me calmo» con otro miembro de la familia o algún amigo.

Las habilidades de comunicación que has aprendido en este capítulo te servirán para avanzar por el camino de controlar la cólera de tus niños pequeños. En el capítulo siguiente se describen las técnicas para ayudarte a hablar con los adolescentes.

19. Cómo hablar con hijos adolescentes

Podría pensarse que, con lo que les gusta hablar, debería ser fácil compartir los sentimientos con los adolescentes. Lo cierto es que a la mayoría les aterra hablar mucho de sí mismos, porque les da miedo de que los demás los ridiculicen o los rechacen. Los siguientes consejos pueden ayudarte a comunicarte con tu hijo adolescente.

Habla en tercera persona

Los adolescentes suelen servirse de anécdotas sobre sus amigos, escenas de películas u otras estrategias indirectas para tratar sus asuntos. Hablar en tercera persona puede ser una forma efectiva de comunicarse con ellos, como ilustra el siguiente ejemplo.

Zach, de catorce años, estaba fregando los platos con su madre. «¿Qué tal el colegio hoy?» preguntó su madre. Zach secó un plato y dijo: «En clase de inglés un chico ha copiado un examen.»

«¿Cómo lo sabes?» preguntó su madre.

Zach tiró un tenedor al cajón. «Porque lo sé, ¿vale?»

Aunque sepas que esa tercera persona es tu hijo, no lo digas. Sigue hablando sin más, porque si la historia tiene que ver con tu hijo, hacerlo en tercera persona le ayuda a hablar de los posibles problemas que tenga.

La madre de Zach se dio cuenta de que le estaba contando algo importante sobre sí mismo, aunque no sabía muy bien de qué se trataba. ¿Había copiado Zach? ¿Pensaba hacerlo? No podía preguntárselo abiertamente porque él lo negaría o se iría a su habitación sin decir nada. Por eso le preguntó tranquilamente: «¿Por qué crees que habrá copiado el examen ese chico?»

«¡El profesor es un idiota!», dijo Zach con vehemencia, «nunca dice qué debemos estudiar y no nos explica las reglas gramaticales que se supone que tenemos que aprender».

La madre de Zach escuchaba atentamente. «No me parece nada bien», dijo.

«Pues claro», dijo Zach. «Haz los ejercicios del final de la lección. Sí, de acuerdo. ¡Como si supiésemos hacer las frases cuando no sabemos ni lo que quieren decir las instrucciones! No me extraña que ese chico copiara. ¿Qué otra cosa podía hacer?» Miró a su madre, que vio la pregunta en su ojos.

Pregunta «¿Por qué no...?»

Hablar en tercera persona le permite al adolescente comunicarse y mantener al tiempo la distancia. Imaginar los pensamientos, sentimientos y actos que pudieran llevar a cabo otras personas, le permite valorar qué opciones podrían venirle bien a él o el acierto o desacierto de las decisiones que ya haya tomado. Puedes ayudarle mediante el juego de «¿Por qué no...?» en el que puedes presentarle soluciones constructivas e incluso disparatadas para que tu hijo las considere. Así aprende a sopesar y calibrar las posibles reacciones de los demás.

«Bueno», dijo despacio la madre de Zach, «podía haber hecho otras cosas en vez de copiar. ¿Por qué no pidió hablar con el profesor después de clase?» Zach puso los ojos en blanco. «O ¿por qué», si-

guió su madre, «no pidió ayuda a un amigo (preferiblemente alguien que sacase buenas notas) para preparar el examen?» Zach sonrió.

«¿O por qué no dijo a sus padres que tenía un problema en clase? A lo mejor le hubieran ayudado a encontrar otra solución que no fuera copiar, ¿no crees?»

«Sí», dijo Zach sin mucha convicción. «Supongo. ¿Pero qué pasaría si sus padres le exigieran sacar buenas notas?»

La madre de Zach respiró hondo y luego dijo con la voz más tranquila que pudo: «¿Te ha pasado eso a ti alguna vez, cariño?»

Zach dejó el paño de secar. «Pues sí.»

Escucha con atención

Una vez que tu hijo adolescente empieza a comunicarse más directamente, debes escucharlo con atención. Trata de captar su mensaje. No lo juzgues ni a favor ni en contra. Simplemente hazte eco y repite lo que te diga. Si se trata de un tema serio, como el del ejemplo anterior, y el adolescente se pone en plan negativo y acusador, deja claro que te sientes atacado. Pídele que sea más constructivo.

Anímalo a lanzar «mensajes neutrales»

La fórmula de los «mensajes neutrales» es: «Me siento ...cuando...». Parece fácil pero no lo es tanto. Se trata de expresar cómo te sientes sin echar la culpa a nadie. El cuándo no debe incluir acusaciones. Debe limitarse al tiempo y al espacio, evitando la provocación. Debe quedar claro por el tono que cada uno es responsable de sus propios sentimientos. La mejor manera de que tu hijo adolescente empiece a lanzar «mensajes neutrales» es empezar a enviárselos a él. Los padres solemos estar tan embebidos en nuestro papel de autoridad con los adolescentes que dejamos de mostrarnos humanos y vulnerables con ellos. Hay que enseñarles a asumir riesgos, a compartir sentimientos con «mensajes neutrales»; hay que pedirles que comprendan.

Zach y su madre se sentaron a la mesa de la cocina. La madre dijo: «¿Te acuerdas del profesor de la universidad del que te conté que me había suspendido? Me sentí humillada cuando se negó a contestar mis preguntas. Hubiera abandonado la maestría de no haber sido por papá y por ti, que me dijeron que lo terminara. Me imagino que tú te sientes igual algunas veces.»

Zach dijo: «Sí, mamá. Me siento abrumado cuando tengo tanta presión encima.»

Todavía no es hora de ponerse a discutir lo que hay que hacer. Antes de abordar el conflicto necesitan escucharse y sentirse comprendidos. «Te escucho. Sé que me has escuchado. Nuestras posturas están claras. ¿Y ahora qué hacemos?»

La madre dijo: «Cuando yo pasé por esos problemas, vosotros me dijisteis que hablase con los compañeros para conseguir que el profesor nos escuchase. ¿Qué dicen tus compañeros? ¿Pueden hacer algo juntos?»

Zach dijo: «El problema es que me encuentro bastante solo. Veré si alguien puede ayudarme. En caso de que los demás estén igual, habrá que ver qué hacemos para que el profesor nos ayude.»

Enséñale a resolver problemas

Una vez que has aprendido el modo de comunicarte con tu hijo adolescente, puedes empezar a enseñarle a resolver problemas. Están en condiciones de hacerlo si alguien les enseña. De este modo los padres les están dando una herramienta que pueden emplear para domar al Dragón de la cólera durante toda su vida, tanto en el ámbito privado como en el social. A la hora de resolver problemas es de vital importancia *evitar echar la culpa.* Preguntas como «¿quién empezó?» y «¿por qué?» sólo sirven para empeorar las cosas. Céntrate en los pasos que debe seguir tu hijo. No te empeñes en lo que tú harías, ese no tiene por qué ser el mejor camino. Ayuda a tu hijo adolescente a considerar todas las posibilidades de modo que se tengan en cuenta las necesidades de todas las partes implicadas.

Scott, de dieciséis años, y su hermana Kelly, de catorce, estaban en conflicto permanente. Discutían mientras desayunaban, en el autobús del colegio, viendo la televisión y en todas partes; siempre estaban gritando, insultándose y a veces dándose patadas o bofetadas. Ambos creían que vengarse les estaba plenamente justificado.

La causa principal de su enfrentamiento era el espacio personal. A Scott le ponía furioso que ella utilizara el secador y no se lo devolviera. En venganza él cogía todas sus cosas de maquillaje del cuarto de baño y las tiraba por el suelo de su habitación. A Kelly le sacaba de quicio que Scott entrara en su habitación y usara papel o material escolar sin permiso. Y cuando él le gastaba la espuma para el pelo, ella le atizaba un puñetazo.

Estos adolescentes no habían aprendido a dirimir sus diferencias y descargaban esa responsabilidad en sus padres. Siempre les iban con el cuento. Si los padres daban la razón a uno, el otro planeaba su venganza. Los padres los habían castigado sin salir y les habían quitado tantos privilegios que la vida familiar parecía una cárcel, con los hijos como presos y los progenitores como carceleros. ¿Existía alguna forma de cortar aquellas peleas constantes y ayudar a los adolescentes a resolver pacíficamente sus conflictos?

Al principio, especialmente en situaciones tan tensas como las de este ejemplo, quizá lo más adecuado sea seguir un plan claro para que los pasos hacia la solución del problema se den ordenadamente. Luego, cuando tu hijo adolescente y tú hayan ensayado las situaciones, se puede actuar con mayor flexibilidad.

Los padres de Scott y Kelly pidieron una tregua y luego se sentaron con ellos para celebrar una reunión familiar. Los padres dejaron claro que no volverían a actuar como jueces en ningún conflicto. Los hijos debían ser lo suficientemente maduros como para resolver solos sus desacuerdos. En caso de gritos, golpes o daño a las cosas personales de uno u otro, ambos serían responsables (independientemente de quién hubiera empezado) y se les impondría como castigo realizar tareas domésticas extra. Tareas que se les irían retirando si los padres veían que ambos recurrían a otras estrategias para resolver problemas. A partir de ese momento ambos adolescentes tuvieron que aprender el plan de resolución de problemas.

A continuación se describen los pasos que siguió la familia de Scott y Kelly y que tú también puedes emplear para enseñar a resolver problemas. Para empezar, pueden utilizar la hoja adjunta o bien elaborar su propio modelo.

PLAN FAMILIAR DE RESOLUCIÓN DE PROBLEMAS

DEFINIR EL PROBLEMA. Elige un asunto que resolver. Toma nota de cada punto de vista. Inclúyelo dentro de una definición del problema. Sé sencillo y positivo.

Scott y Kelly eran conscientes de la necesidad de intimidad y protección de su propio espacio y de sus cosas. Definieron el problema así: cómo respetar su intimidad y sus pertenencias.

CONSIDERAR POSIBLES ALTERNATIVAS. Poner sobre la mesa todo cuanto ayude a solucionar el problema sin vencedores ni vencidos. Esto significa que todos deben perder, sacrificar o ceder en aras del acuerdo. En esta fase no deben defenderse ni valorarse las distintas posiciones. Hay que limitarse a tomar nota de ellas, quedándose con tres como mínimo aunque alguna pueda parecer descabellada.

Las alternativas propuestas por Scott y Kelly fueron:

Alternativa A: *No se pedirían prestado nunca nada ni entrarían en la habitación del otro.*

Alternativa B: *Podían pedirse prestado o entrar previa petición por escrito aceptada por el otro.*

HOJA FAMILIAR DE RESOLUCIÓN DE PROBLEMAS

Definición del problema: ______________________________

Soluciones	***Ventajas***	***Consecuencias negativas***
ALTERNATIVA A:		
__________	__________	__________
__________	__________	__________
ALTERNATIVA B:		
__________	__________	__________
__________	__________	__________
ALTERNATIVA C:		
__________	__________	__________
__________	__________	__________

La alternativa elegida es: ______________________________

__________ **hará** __________ **durante** __________**. Si lo hace**
(quién) **(qué)** **(cuándo)**

____________________**; si no** ____________________
(premio) **(castigo)**

Firma: ____________________ **Fecha** ____________________

____________________ **Duración del plan:** ____________________

____________________ **Revisión en:** ____________________

Alternativa C: *Harían un armario común y lo llenarían de manera que nunca le faltase de nada. Quien gastara un producto debía apuntarlo en la lista de la compra.*

EVALUAR TODAS LAS ALTERNATIVAS. Cada uno debe exponer los aspectos positivos y negativos de todas las alternativas para sí y para los demás. En este punto no se puede ni regatear ni buscarse aliados. El objetivo es determinar cómo afectarían a las partes en conflicto las distintas soluciones. Hay que hacer la lista de los aspectos positivos y negativos de cada una.

Los padres preferían la alternativa A por ser más clara y sencilla, pero no querían imponer su criterio. Pidieron a Scott y Kelly que hicieran la lista de los aspectos positivos y negativos de cada alternativa.

DESCARTAR ALTERNATIVAS. Eliminar las que resulten muy negativas para una persona determinada o sean poco realistas.

Scott y Kelly descartaron la alternativa B (permiso por escrito para entrar en la habitación del otro) por ser demasiado complicada.

ELEGIR UNA ALTERNATIVA. La alternativa elegida suele ser la que ofrece el máximo de aspectos positivos y el mínimo de aspectos negativos para cada uno. De no ser así, hay que volver al punto 2, ser más creativo y proponer más alternativas.

Scott y Kelly eligieron la alternativa C (armario abastecido) porque era la que presentaba más aspectos positivos para ambos. Los padres lo aceptaron, aunque esto iba a suponer mayores gastos para ellos.

PONER LA ALTERNATIVA POR ESCRITO. Ser concretos. ¿Quién y cuándo hace qué? ¿Cómo decidir si el plan funciona? ¿Cuándo cambiarlo si no es así? ¿Qué le pasa a quien lo incumple? ¿Qué premio se establece si lo siguen todos? Hay que atar bien los cabos.

Kelly y Scott acordaron que si uno entraba en el espacio del otro a por algo, sería castigado a hacer las tareas domésticas del otro durante dos días.

FIRMAR EL ACUERDO. Hagan público el compromiso. Clávenlo en la pared. Mírenlo todos los días. Motívense para cambiar y cumplirlo. Mantengan la palabra dada.

Los adolescentes fijaron un día para revisar el acuerdo, pusieron la fecha y lo firmaron. Lo pusieron en la puerta del refrigerador. Los padres añadieron un incentivo: si no había broncas durante una semana, los adolescentes recuperarían el derecho a utilizar el teléfono, que habían perdido a causa de los últimos enfrentamientos. Esto ayudó a que ambos respetaran el acuerdo hasta la revisión prevista para dos semanas después. Para entonces los adolescentes ya habían decidido aplicar el método de solución de problemas pacíficamente.

NO TENER PRISA. Mantengan el compromiso hasta la fecha de revisión. ¡El sistema funciona! Pero no hay que tener prisa. Funciona porque está claro el problema a resolver.

¡CELEBREN EL TRIUNFO! En la fecha de revisión hay que centrarse en lo que salió bien. Revisar el acuerdo si quedan cabos sueltos. Si ha salido bien, celébrenlo. Y pónganse a solucionar otro problema. Lo conseguirán si abordan los problemas de uno en uno.

A los adolescentes les gusta el control que les proporcionan las reuniones familiares a la hora de resolver problemas. Los padres también las agradecen, porque así los adolescentes comprueban que pueden asumir la responsabilidad de resolver sus propios problemas. Todos salen ganando con ello. Después de probar con éxito este sistema en casa, tanto tu hijo como tú pueden aplicar el método para solucionar problemas con amigos y compañeros de trabajo.

Una vez que hemos visto las ventajas de hablar con tu hijo para enseñarle a enfrentarse al Dragón, en el siguiente capítulo trataremos de esas ocasiones en que hay mucha tensión y hablar no resulta en un primer momento la estrategia más conveniente.

20. A veces el temperamento necesita silencio: ¿cuándo es mejor no hablar?

La primera reacción de los padres ante un estallido de rabia de su niño suele ser intentar hablar con él. Pero a veces hablar de las causas y querer solucionar el problema puede resultar desacertado e incluso contraproducente.

Qué hacer cuando hay mucha tensión

Cuando tú y/o tu niño están muy tensos, comentar lo ocurrido puede hacer que se sientan aún más encolerizados y frustrados. La comunicación es importante, pero sólo si están tranquilos y dispuestos a resolver las cosas. A continuación se dan unas cuantas sugerencias que pueden serte útiles en situaciones de mucha tensión.

Sé un modelo para tu niño

Hablarte a ti mismo en términos positivos les ayudará a ambos a calmarse. No exijas que tu niño se controle. Eso sólo agravaría el conflicto. Habla en voz alta de tus intentos de calmarte. Cuenta hasta diez, respira hondo o prueba con las siguientes frases:

- «Necesito controlarme.»
- «Te escucharé en cuanto me calme.»
- «Estoy haciendo una montaña de un grano de arena. Voy a hacer una pausa y luego estaré en mejores condiciones de hablar.»

Si tu niño no reacciona ante tu ejemplo y sigue sin controlarse, debes imponer la disciplina. Debes hablar lo menos posible para evitarle el estallido de ira.

Tiende puentes

Acuérdate de que a nadie nos gusta que nos ataquen o nos echen la culpa. Cuando ambos se hayan calmado debes reconocer siempre tu responsabilidad en el conflicto. Pide disculpas a tu niño por la parte que te corresponda. Dile que en el futuro vas a controlarte. Tu niño va a aprender de ti que es importante ser conciliador además de responsable.

Ayuda a tu niño a ser claro y positivo

Di a tu niño que sea claro en las cosas en las que quiere que tú le ayudes. En momentos de frustración los padres sólo oyen una avalancha de lloriqueos sobre lo que su niño quiere o no. Por ejemplo, en medio de una discusión sobre si puede salir a bailar y volver a casa más tarde, una adolescente puede sacar a relucir todas las viejas tácticas culpabilizadoras:

«¡Nunca me dejan divertirme! ¡Los demás padres permiten más cosas a sus hijas que ustedes a mí! ¡Parecen de la Edad Media y ya estamos en el siglo XXI!»

En lugar de responder con otra retahíla semejante o empezar con el enésimo sermón sobre lo responsable que eres como padre, da buen ejemplo y tiende puentes para que sea más fluida la comunicación. Sé claro: «No puedo responder a lo que no quieres. Dime lo que quieres.»

Tú y tu hijo estarán en mejores condiciones para hablar y escucharse si borran de su vocabulario las palabras *siempre, nunca* y *pareces*. Estas palabras crean un clima de hostilidad. Dan pie a que surja y crezca el conflicto.

Intenta darte a ti mismo «mensajes neutrales». Sé positivo acerca de lo que quieres, en lugar de quedarte en lo que no quieres. «Cuando cocino me gusta que la cocina esté limpia. Ya sé que hoy has tenido un día ajetreado. Me gustaría que sacaras la basura ahora. Si puedes, magnífico. Si no, te quitaré parte de la paga.»

Apoya a tu niño

Emplea «mensajes neutrales» para hacerle ver que tú también tienes sentimientos y que su comportamiento puede hacer daño. Deja claro que quieres escucharlo, pero que era su manera negativa de hablar lo que era inaceptable. «Me siento atacado y un mal padre cuando me gritas y me llamas pesado. Puedo ayudarte mejor si me hablas con más calma, como haces con tus amigos.»

Da a tu niño la oportunidad de expresar sus sentimientos, necesidades y posición constructivamente. Sé respetuoso y positivo en la forma de responder. Concéntrate en los aspectos positivos del mensaje.

Deja claro lo que vas a hacer y por qué

Si las necesidades y la actitud de tu niño son aceptables, dile que lo estás pensando porque ha actuado responsablemente al comunicarse contigo. Si tú estás abierto a hablar, fija sitio y hora para solucionar el problema. Si lo que quiere tu niño es inaceptable, déjaselo claro.

En muchas familias se repiten una y otra vez los mismos conflictos porque los padres no son claros a la hora de fijar límites y normas. Hay muchas cosas que los padres imponen y que no son negociables. Bastaría con hacer la lista y darla a conocer para que no hubiera sorpresas.

Si el asunto no es negociable, deja de hablar

Prolongar la discusión crea la ilusión de que vas a acabar negociando. Eso frustra a tu niño y hace aumentar su cólera. Aumentan las posibilidades de que uno de los dos o los dos estallen.

Lo más difícil para muchos padres es, sin embargo, bastante sencillo: ¡Callarse! Ponerse a hacer otra cosa para hacer ver que se acabó la discusión. Se puede tocar el saxofón o darse una ducha. Habrá que hablar más tarde, cuando ambos se hayan calmado, siempre que surja el tema apropiado. A medida que adquieras soltura en el empleo de las técnicas de disciplina del capítulo siguiente tendrás menos necesidad de hablar.

21. Poner límites al enfado: técnicas eficaces de disciplina

Todos nosotros necesitamos liberar la rabia en ciertas ocasiones. Pero, ¿cómo pueden saber los padres cuándo animar a sus niños a expresar la rabia y cuándo castigar los estallidos de furia? En este capítulo se exponen los criterios básicos y se dan una serie de recomendaciones prácticas para actuar en las situaciones más habituales en las que hay que imponer la disciplina, empezando por los métodos de refuerzo positivo. Vas a aprender estrategias y técnicas diferentes, según la edad y temperamento de tu niño, que te ayudarán cuando aflore la rabia.

La disciplina ayuda a motivar a los niños a expresar sus sentimientos de cólera de manera adecuada. Muchos padres olvidan que el método más efectivo de disciplina es el incentivo positivo. Si enfocas la disciplina desde el punto de vista del castigo, puedes estar inconscientemente alimentando la rabia y frustración de tu niño y dando pie a batallas por el control. Al utilizar métodos de refuerzo positivo siempre que se pueda, estás motivando a tu niño para que evolucione y madure.

El refuerzo positivo consiste en provocar un determinado efecto derivado de una determinada conducta y causante de que dicha conducta se repita en el futuro. El efecto o las consecuencias pueden ser premios materiales, atención o alguna actividad que guste mucho. Puedes emplear estos incentivos, no como soborno ni como un modo de manipulación, sino como un método de potenciar el autocontrol de tu niño. Hay que evitar que regalos y premios sen la norma habitual; puede que funcionen pero también pueden hacer que el niño sólo se comporte bien después de preguntar «¿Qué me vas a dar si soy bueno?»

El refuerzo más efectivo, sutil y positivo que puedes dar a tu niño son las sonrisas, abrazos, atención y gestos de aprobación con la cabeza cuando se está esforzando en algo. Escuchar es un arma poderosa, particularmente si escuchas a tu hijo cuando está encolerizado y sin embargo expresa sus sentimientos de forma controlada.

Escuchar a tu niño no implica tener que estar de acuerdo con sus razones o formas de expresar la cólera. Escuchar significa prestarle atención, tenerle en cuenta y hacerle ver que sus necesidades y puntos de vista son importantes.

El refuerzo positivo con niños de hasta cinco años

Cuando los niños muy pequeños expresan la rabia, los padres suelen reaccionar con bastante tranquilidad y cariño. Una buena técnica para controlar la rabia en un niño de tres años es centrarse en algún aspecto positivo de su estallido.

Es un modo efectivo de avanzar. Intenta reconocer al Dragón de la cólera cuando comienza a mostrar los primeros síntomas. Reacciona ante los síntomas positivos y anima a tu niño a emplearlos. El siguiente ejemplo ilustra cómo pueden actuar los padres.

Alex estaba muy orgulloso de lo bien que montaba en triciclo. Daba vueltas y vueltas hasta que se quedaba encerrado y no podía dar marcha atrás. Entonces se ponía a gritar pidiendo ayuda. Cuando su madre acudía, Alex se encolerizaba por no poder hacerlo solo y empezaba un berrinche.

Al principio la madre de Alex le decía que si no dejaba de llorar, se quedaría todo el día sin triciclo. Alex gritaba y tiraba su querido triciclo contra la pared, lo que hacía crecer la rabia tanto en él como en su madre.

Luego su madre aprendió a observar lo que frustraba a Alex. En cuanto veía que se iba a quedar encerrado y a pedir ayuda, le decía: «Alex, me gusta que me llames y ya veo lo difícil que es tomar esa curva. Pero te seré de más ayuda si colaboramos. ¿Y si ponemos una señal de tráfico antes de la curva para que yo acuda?»

Alex y su madre hicieron un desvío en el camino para evitar que se cerrara mucho al tomar la curva. Al pasar por el desvío Alex tocaba el timbre del triciclo, una vez si estaba tranquilo y controlaba, dos veces si necesitaba que su madre (el agente de tráfico) le ayudara y tres veces si estaba tan enfadado que tenía que pararse y ponerse a hacer otra cosa.

La madre elogiaba a Alex por emplear las señales y le prestaba atención «jugando» con él a canalizar y apaciguar su frustración. Había ideado una forma y un incentivo para que Alex controlara su cólera y expresara sus sentimientos y necesidades más adecuadamente. Al hacer sonar el timbre a su madre le resultaba más sencillo intervenir y reforzar el autocontrol de Alex. Sobre todo, cuando Alex hacía sonar el timbre dos veces, su madre podía escucharlo y atender sus necesidades.

EL REFUERZO POSITIVO CON NIÑOS ENTRE SEIS Y DOCE AÑOS

Si quieres mostrarle apoyo, debes ceñirte a destacar los actos positivos del niño. Nadie reacciona bien ante un «Sí, pero...» o «Muy bien, ¿por qué no lo haces siempre así?» Si al tiempo que lo apoyas lo criticas, tu niño sólo «oirá» la crítica.

Kevin tenía diez años y era un niño curioso, aunque siempre había tenido problemas en el colegio. Sus padres habían intentado ayudarle, pero eso parecía provocarle aún mayor frustración. Hacer los deberes se convirtió en uno de los momentos más tensos de la jornada. Kevin se enfadaba y rechazaba las sugerencias de sus padres para mejorar su trabajo. Protestaba aun cuando sus padres le ofrecían más tiempo de televisión si sacaba mejores calificaciones.

Su padre era un hombre meticuloso, a quien le gustaba tomarse la vida con mucho orden. Lo que más le disgustaba de Kevin era su desorganización y falta de preocupación. Pero no era consciente de la presión tan intensa que ejercía sobre su hijo. Cuando Kevin terminaba algún ejercicio de pronunciación o escritura, el padre sólo se fijaba en aquella sílaba que había pronunciado mal o en si se desviaba algún renglón.

La madre de Kevin se dio cuenta de que el chico sentía una rabia sorda. Lo animaba a que se tomara un descanso al hacer los deberes cuando lo veía suspirar y hundir la cabeza. Cuando revisaba lo que había hecho, se centraba en lo que había hecho bien y en el esfuerzo realizado. Dejaba que fuera el profesor de su hijo quien se lo corrigiera y puntuara. El padre de Kevin empezó a preocuparse por la dependencia cada vez mayor de la ayuda de la madre a la hora de hacer los deberes y su resistencia a hacerlo con él.

Kevin y sus padres llegaron a la conclusión de que él se sentiría mejor si pudiese trabajar periodos más largos solo. Empezaron a espaciarle las pausas. En dichos momentos Kevin repasaba su trabajo en busca de los aspectos positivos.

Su padre escuchaba atentamente lo que Kevin le contaba y anotaba en un cuaderno el tiempo que su hijo había estado trabajando y lo que había hecho. Esta técnica satisfacía la necesidad de orden del padre y la de Kevin de que su padre le escuchara sin agobiarle.

Cuando Kevin se sentía encolerizado o frustrado, anotaba cómo se sentía en un cuaderno y hacía una pausa. La familia revisaba semanalmente las anotaciones de Kevin y elogiaba cómo aumentaba su capacidad de trabajo. Comentaban los intentos de Kevin por controlar la rabia y escuchaban sus planes para la semana siguiente. Dejaban que fuese el profesor quien corrigiese y califase el trabajo. Sus padres se dieron cuenta de que lo que Kevin necesitaba era su atención y apoyo y no más horas de televisión como premio.

EL REFUERZO POSITIVO CON ADOLESCENTES

El empeño de los padres por ayudar a sus hijos en el difícil periodo de la adolescencia puede llevarlos a forzar la comunicación. Cuando se trata de dominar la rabia es necesario aprender a no agobiar a los adolescentes.

La chica de Nick había roto con él hacía una semana y había empezado a salir con su mejor amigo. La madre de Nick sabía que su hijo se sentía dolido, pero cuando quería hablar de ello, Nick le decía que lo dejara en paz. Según Nick, ella no lo comprendía. La noche anterior la había echado de su habitación cuando ella intentó hablar con él.

«No sé qué hacer», decía su madre. «¿No hacer caso de sus estallidos de rabia por lo mal que lo está pasando? ¿Castigarle por su brusquedad? ¿No hay forma de ayudarle a entender que, por muy encolerizado o dolido que esté, no puede pisotear los sentimientos de los demás?»

Los padres de Nick se sentían rechazados, aunque deseaban ayudar a su hijo. Cuanto más intentaban acercarse a él, más explosiva era la reacción de rechazo de Nick. Pensaron en castigarlo por ser tan agresivo, pero también tuvieron en cuenta lo dolido que estaba.

Como su objetivo principal era ayudar a Nick a hablar de su dolor y su rabia, decidieron centrarse en el refuerzo positivo.

Para empezar, los padres de Nick le advirtieron que si seguía mostrándose agresivo le impondrían más tareas domésticas y le quitarían privilegios. Luego se retiraron para dejarle espacio e intimidad para recuperarse de haber perdido a su chica. Le dijeron que contara con ellos para hablar cuando quisiera. Nick se acercó a ellos para plantearles asuntos de poca monta y ellos le prestaron toda su atención. Insistieron en que les tratara con corrección e hicieron depender de ello que Nick pudiera seguir utilizando el coche.

OTRAS TÉCNICAS DE DISCIPLINA POSITIVA

El «consejo de la abuela»

«Primero la obligación, luego la devoción» era el consejo de la abuela, que sigue siendo plenamente válido. Puedes adaptarlo para ayudar a tu niño a dominar la rabia de la siguiente manera: «Debes expresar la rabia de manera positiva y constructiva si quieres conseguir algo. Si actúas así, podrás contar con nuestra comprensión y apoyo.»

Si el niño es muy pequeño puedes decirle: «No te lo doy si no me lo pides bien.»

Los niños de todas las edades reaccionan bien ante esta norma. A veces nos olvidamos de lo eficaz que puede ser. Piensa en la cantidad de berrinches que has vivido.

Cada vez que ofreces a tu niño enrabietado un caramelo en el supermercado u otro cuento a la hora de acostarse, estás olvidando el consejo de la abuela. Aunque lo hagas de modo esporádico, así sólo consigues que tu niño aprenda a expresar la rabia de modo inadecuado. Aunque no suelas ceder a los berrinches a la hora de acostarse, basta con que lo hagas una o dos veces al mes para que tu niño se acostumbre y tenga berrinches aún mayores.

Si recurres a los premios u otros métodos por el estilo para que cambie su comportamiento una vez que el niño se ha acostumbrado a lo anterior, debes prepararte para afrontar tiempos difíciles. Las rabietas y estallidos de cólera de tu niño van a arreciar durante algún tiempo. Le va a costar entender que, si no cesan, no hay premio. Niños así necesitan fuertes incentivos para aprender a comportarse de forma adecuada. No basta con no hacer caso de las rabietas. Es fundamental poner en práctica un modo constructivo y positivo de dominarlas.

Sistema de incentivos

Calcomanías, listas, pactos, cualquiera de estos incentivos pueden servir para motivar a los niños. Hasta un niño de tres años reacciona bien a ellos. A los adolescentes les encantan. La clave de este sistema es centrarse en un incentivo cada vez teniendo en cuenta exclusivamente los aspectos y comportamientos positivos. Por ejemplo, si quieres poner a un niño pequeño el objetivo de «no gritar» o «no pegar», debes saber que lograrás más fomentando comportamientos positivos que combatiendo comportamientos negativos.

A continuación se ofrecen varias sugerencias para crear un sistema de incentivos para tu niño:

Haz saber a tu niño que está bien sentir rabia, siempre que exprese sus sentimientos sin gritar. Déjale claro que no conseguirá nada con berrinches.

Pídele que haga un dibujo de él mismo estando tranquilo y controlado en una situación que normalmente provoque un berrinche. Dile que puede pegar encima una boca sonriente cada vez que tú le veas expresar la rabia con tranquilidad. No dudes en elogiarle cuando así sea, aunque tu niño sólo se acuerde del juego cuando esté aprendiendo su nuevo comportamiento contigo.

Deja que tu niño elija actividades o juegos especiales a medida que vaya ganando puntos. Ten cuidado de no empezar comprándole juguetes y regalos extra. El principal incentivo debe ser pasar más tiempo contigo. De todas maneras, si tienes la costumbre de dar a tu niño algún postre especial o algún regalo de vez en cuando, puedes incorporar esa tradición a tu sistema de incentivos. Utiliza el sistema de incentivos como punto de partida. Revísalo y ponlo al día a menudo porque la ilusión de la novedad se desvanece enseguida.

Vete añadiendo nuevos objetivos a medida que vayas consiguiéndolos. Para tu niño controlarse a la hora de comer es muy distinto de controlarse cuando un amigo no quiere compartir algo con él. Debes ir paso a paso.

A cada nuevo paso, escenifica las distintas posibilidades que tu niño puede utilizar en esa situación. Puedes sugerirle cuando menos tres estrategias sencillas para controlarse. Por ejemplo, si un niño no quiere compartir algo con él, puedes ayudarle a elegir entre: a) esperar y volver a pedirlo; b) coger otro juguete; c) pedir ayuda a un adulto.

Muestra interés y entusiasmo por las alternativas que tu niño elija para controlarse. Puedes utilizar calcomanías para anotar sus decisiones y respuestas ante situaciones difíciles.

Recuerda que el tiempo y la atención que prestes a tu niño fomentando su comportamiento positivo es más importante que cualquier otro premio. Tu objetivo debe ser que la motivación principal sea estar juntos en vez de recompensas materiales.

Pactos sobre el comportamiento

A medida que se van haciendo mayores, los niños deben jugar un papel clave en el sistema de pactos que establezcas para fijar objetivos de cambio. (Véase en el capítulo 20 la información sobre cómo utilizar los pactos como parte del plan familiar para resolver los conflictos.) Tu niño necesita desde el primer momento que le ayudes a definir el problema de la rabia y a sustituirla de modo positivo por el autocontrol. Tu niño debería comentar también los comportamientos que tú necesitas cambiar, así como participar en el pacto que incluya los cambios de comportamiento que tú también debes proponerte.

Los objetivos deben definirse con la mayor precisión posible, decir sólo «hay que controlarse» no basta. *Deja claro cómo, cuándo, dónde y cuánto ¡y ponlo por escrito!*

Hay niños que responden bien si el pacto incluye puntos que ellos puedan cambiar por privilegios y actividades o ahorrarlos para algo especial que cueste más puntos. Hay adolescentes y preadolescentes que se esfuerzan si consiguen dinero. Otros se motivan más por poder utilizar el teléfono, ver la televisión, comer una pizza o dormir con los amigos, ir a esquiar u otros incentivos.

A continuación se expone un ejemplo de pacto familiar.

Beth tenía doce años y siempre había sido obstinada, aunque ahora estaba todo el tiempo encolerizada. Los padres no sabían cuál era la causa de sus estallidos. ¿Cambios hormonales, decepciones con las amigas, frustraciones en el colegio? ¿Quién sabe? Hasta un simple buenos días servía para que empezase a gritar. Si sus padres le decían que fuese a cenar con ellos, ella saltaba con que nunca tenía tiempo para estar con sus amigas. Si le decían que podía ir a casa de su amiga después de limpiar el cuarto de baño, tiraba todos los productos de limpieza por el suelo.

Irritados y agobiados por la intensidad de la furia de su hija, los padres lo intentaron todo para refrenarla: no hacer caso de sus rabietas, sermonearle, imponerle severos castigos que ella no podía cumplir. Porque si le castigaban sin salir dos semanas, se veían obligados a levantarle el castigo a los dos días de lloriqueos y gimoteos de Beth. ¿Qué hacer?

La familia de Beth decidió sentarse a hablar para ver cómo resolvían el conflicto. Primero hicieron el nivel de furia. Cada uno apuntó tres cosas que debía cambiar él y otras tres cada uno de los demás miembros de la familia para mejorar la vida en casa. Cuando Beth se quejó de que sus padres eran demasiado exigentes y estrictos, le pidieron que expresara sus deseos en forma de cosas positivas que pudieran hacer en situaciones determinadas.

Beth dijo que quería controlarse; que no quería que sus padres le recordasen sus obligaciones. Ellos aceptaron hacer una lista de tareas domésticas y dejar que Beth se organizara para hacerlas, siempre que estuvieran hechas para el sábado al mediodía. Si lo hacía, podía quedar libremente con sus amigas a la semana siguiente.

Los padres pidieron a Beth que les hablara en un tono de voz tranquilo y respetuoso. Beth pidió que ellos también lo hicieran. El acuerdo adoptado fue que si alguien se dirigía a otro en tono beligerante o despectivo, sería castigado a efectuar tres tareas de la lista del otro. La familia selló su pacto poniéndolo por escrito.

Como sus padres también se comprometieron a cambiar su comportamiento, Beth se sintió reforzada y actuó con más madurez. Le encantaba sorprender a su padre y a su madre en pleno estallido de cólera. Tuvieron que hacer varias veces las tareas de Beth antes de romper con el hábito de hacer comentarios despectivos (que según ellos eran «recordatorios útiles»).

Los padres acabaron por reconocer que sus sermones habían contribuido a fomentar las rabietas de Beth. Al llegar a un pacto que tenía en cuenta a ambas partes del conflicto, niña y padres, la familia logró dominar efectivamente la cólera.

No fue cosa de un momento. Al cabo de la primera semana, Beth seguía lloriqueando y tirando las cosas al suelo, aunque su tono de voz había mejorado. Durante la reunión familiar para revisar el pacto una semana después sus padres le dijeron que podría llamar por teléfono a diario si su tono de voz y sus gestos para con ellos eran respetuosos. (Era una prohibición fácil de cumplir porque les bastaba con desenchufarlo y llevárselo.) Sólo hubo que prohibírselo un día. Para Beth era tan importante disponer de tiempo para hablar con las amigas que se esforzó en controlarse. Sin tanta puya de por medio, la familia se escuchaba más y empezó a comprender muchas de las presiones a que se veía sometida la joven adolescente. Poder contar con sus padres era lo que le ayudaba a aliviar la tensión. Era capaz de reconocer lo que provocaba su rabia con profesores y compañeros. La familia le daba la seguridad para pensar y sopesar las posibles soluciones a sus conflictos antes de exponerse al rechazo de sus amigas.

El ejemplo anterior ilustra los siguientes aspectos claves a la hora de llegar a un pacto con niños ya mayores para controlar la rabia:

Ser democrático. El problema es de toda la familia. Esto evita aislamiento y crea un clima de colaboración y respeto mutuo en la búsqueda de soluciones.

Ser positivo. Dejar claras las expectativas de cambio. Imaginar las distintas situaciones. Precisar lo que se espera conseguir en cada una.

Dejar que el niño concrete lo que hará para controlarse. Ser abiertos y flexibles ante sus puntos de vista. ¿Qué importa cuándo hace la cama o los deberes si es responsable?

Premiar los comportamientos adecuados con actividades sociales. Es una motivación muy poderosa para los adolescentes.

Potenciar las respuestas positivas. Elogiar los comportamientos positivos en cuanto se vean.

Pedir ayuda si resulta difícil controlarse. Dejar que el niño ayude. Que vea que sus padres también son humanos. Pedirle que sugiera cómo pueden controlarse. Todos sentimos rabia, todos cometemos errores y todos necesitamos la ayuda y el apoyo de los demás.

Prever posibles estallidos. Reaccionar con calma. Incluir en el plan cómo va a mantener la calma cada cual y cómo ayudar a quien no se controle.

Deja claras las consecuencias del mal comportamiento. Las infracciones deben castigarse. Las estrategias más efectivas son la pérdida de privilegios con los amigos o los trabajos extra. No imponer castigos que no se puedan cumplir. Por ejemplo, si quitas tiempo de televisión ¿afecta eso a toda la familia? ¿Puede hablar por teléfono tu hijo adolescente antes de que vuelvas del trabajo? Salvo que desconectes la TV o el teléfono estas prohibiciones son inútiles. Es mucho más sencillo y, a la larga, mucho más efectivo, imponer prohibiciones más suaves. Un trabajo extra puede darle la sensación a tu hijo de que está «pagando» por su rabia. Pero trabajar para compensar a la persona a la que hirió o insultó puede enseñarle a tener empatía, ser responsable y contar con los demás.

Los castigos

Aunque el castigo es en lo primero que piensan los padres para imponer la disciplina, lo cierto es que debería emplearse muy esporádicamente. Los padres tienden a castigar cuando su ira o la de sus niños está al rojo vivo. En ese estado emocional las posibilidades de que el conflicto vaya en aumento son muchas. Si te ves obligado a imponer un castigo, hazlo antes de que la rabia suba de tono ¡y avísalo antes! Di a tu niño que si no empieza a comportarse como es debido en un tiempo dado, lo castigarás. No te descontroles jamás al imponer un castigo. Espera a calmarte para decidir lo que debes hacer.

A continuación se exponen los castigos más efectivos: la «práctica positiva», quedarse en la habitación, prohibiciones y multas y reparaciones.

La estrategia de la «práctica positiva»

La práctica positiva es una estrategia de castigo, aunque para ponerla en práctica tu niño debe saber controlarse. Consiste en que, tras un estallido de cólera, tu niño debe practicar y practicar lo que sea muchas veces, hasta que se aburra y «se lo sepa de memoria».

La clave está en la sencillez y en la reiteración. Por ejemplo, si tu hijo da un portazo cada vez que le pides que tire la basura, puedes castigarlo a que cierre suavemente la puerta veinte veces. Si tu hija te grita mientras hablas por teléfono, puedes castigarlo a que repita en voz baja «perdón» y te escriba una nota con lo que quiere.

Si un adolescente se queja y alborota cada vez que le toca ir a un recado, puedes castigarlo a que entre tres veces en cada habitación de la casa, recoja y eche al cesto toda la ropa sucia y pregunte educadamente a los miembros de la familia si necesitan lavar algo más.

La práctica positiva resulta especialmente indicada cuando tu niño debe sustituir una acción inadecuada por otra acción positiva. El castigo debe imponerse en el acto. Si tu niño se resiste a la acción positiva, debes darle un aviso. Cuenta hasta diez después del aviso para que tu niño empiece a ejecutar la práctica positiva. Si lo hace, elógiaselo; si no, impónle un castigo previamente acordado.

Irse a su habitación

Irse al rincón, quedarse en la habitación o sentarse en una silla en silencio durante un rato son formas sencillas y a nuestro alcance de ayudar a los niños a controlar su rabia. Resultan muy efectivas porque separan a quienes sienten rabia, les permiten relajarse y pensar con calma en el problema.

Si tu niño es propenso a los berrinches y estallidos de cólera, este tipo de castigos puede resultar muy eficaz en primera instancia. Puedes aplicar otras estrategias en caso de que con la primera no logres controlar el problema.

He aquí cómo aplicar este castigo para calmar la rabia de tu niño:

1. Igual que con cualquier otro castigo, avisa a tu niño antes de imponérselo. Dile tranquilamente: «Si no te calmas y haces (...) te vas a ir a tu habitación.» A partir de ese momento ¡no discutas más!, ya no debes volverte atrás.
2. El castigo debe durar un minuto por cada año de tu niño.
3. No hagas caso de los gritos o comentarios de tu niño durante el castigo. Si se va antes de tiempo, vuelve a empezar sin decir palabra.
4. Si después de este castigo tu niño sigue sin controlarse, hazle saber que ya se ha acabado el tiempo y que puede salir en cuanto se haya calmado (un timbre es más efectivo que tu voz).
5. Cuando se haya calmado, pregúntale si está en condiciones de salir y comportarse como es debido.
6. Si dice que sí, debes elogiar cualquier avance en la dirección adecuada.
7. Si se resiste o dice que no o no contesta, repite el castigo.

8. No hables mucho llegado este punto. Tu niño debe decir que sí sin mayores problemas antes de que termine el castigo.

Muchos padres se preguntan si es adecuado mandar al rincón a un niño que grita y patalea. La respuesta es negativa. Tu presencia atrae su atención. El castigo hará que el niño se descontrole aún más. Emplea otra estrategia alternativa, como prohibiciones o reparaciones (véase más adelante).

A algunos niños difíciles les cuesta calmarse y consolarse. Estos niños tan agobiados, sensibles e intensos necesitan estrategias para controlarse. Necesitan más ayuda para calmar su furia interior (véase capítulo 17). En el capítulo 25 se dan indicaciones para consolar, comprender e imponer la disciplina al niño angustiado y obstinado.

¿Qué ocurre si tu niño pone patas arriba la habitación durante el castigo? La primera vez haz que la ordene. La segunda vez, además de hacer que la ordene, impone una multa o quítale algún privilegio. Y cambia el lugar donde debe cumplir el castigo. Los niños muy activos y agresivos necesitan un lugar donde no puedan romper nada. Puede ser una habitación pequeña o parte de una sala donde pongas almohadones y objetos para actividades relajantes como cintas, construcciones, libros o revistas.

¿Es apropiado agarrarlo? En raras ocasiones. Si tu niño está poniéndose claramente en peligro a sí mismo o a otros y no ha funcionado ninguna otra estrategia, entonces puedes recurrir a agarrarlo para prevenir que se haga daño.

El contacto físico puede provocar que su agitación crezca, por lo que debes tener fuerza suficiente para controlarlo. Inmovilízale los brazos. No le digas más que: «Tienes que controlarte.»

Da ejemplo hablando con calma, actuando relajadamente y respirando hondo varias veces. Si tu niño no se controla al cabo de un minuto dile: «Voy a empezar a contar. Por cada número que cuente, vas a perder (número de minutos) de (actividad o privilegio).» En cuanto tu niño deja de resistirse físicamente, suéltalo. Empieza el castigo inmediatamente.

Prohibiciones y multas

Piensa en la cantidad de veces que has dicho: «Si no ordenas tu habitación, no vas a casa de tu amigo.» O: «Si sigues con esa rabieta, una semana sin TV.» O: «Vuelve a quitarle el juguete a tu hermano y los dos se quedan sin él.» O: «Si no dejas de gritar, no vas al cine esta tarde.»

Las prohibiciones y multas son los dos castigos más habituales. Para ser efectivas deben reunir ciertas condiciones:

Cumplir con lo que se dice. Las amenazas, salvo que sean auténticas, no sólo son inútiles sino que favorecen la intensidad y frecuencia del mal comportamiento de tu niño.

La multa o prohibición debe recaer sobre algo que le importe al niño. Si es pequeño: juguetes o platos favoritos, chucherías. Si es mayor: tiempo con los amigos, la televisión o la consola. Si es adolescente: tiempo con los amigos, el teléfono o la televisión o prohibirle salir.

No quitar privilegios que el niño haya ganado como premio por buen comportamiento o en virtud de un pacto.

Avisar previamente sobre el tipo de prohibición o multa que se va a imponer. Emplea la «señal» especial de la familia o un último aviso antes de imponer el castigo. Debes estar tranquilo y controlado antes de imponer una multa.

Si el niño es mayor, acuerda con antelación el tipo de prohibición o multa. Haz una lista de posibles castigos, aunque no formen parte del acuerdo. Siempre podrás recurrir a ella y ahorrarte discusiones estériles sobre «nunca me dijiste eso», «no hay derecho», «no dijiste eso sino...».

Igual que cualquier otro castigo, las prohibiciones y multas deben ser un último recurso. Dale siempre al niño la posibilidad de controlarse antes de imponerle un castigo. No le quites actividades que sean importantes para su autoestima o le sirvan para aliviar tensiones.

Reparaciones

Cuando tu niño ha causado daño o ha herido a alguien, el método de disciplina más efectivo es la reparación. Hay que compensar a la víctima por el daño sufrido. Tu niño debe empezar por pedir disculpas formalmente. Si es mayor, puede preguntar qué puede hacer para reparar el daño causado e incluso sugerir ideas. La víctima debe dar su conformidad. Las reparaciones resultan especialmente efectivas cuando tu niño ha protagonizado un conflicto agresivo con otros niños.

Las reparaciones no tienen que ser complicadas. Puedes establecer un sistema sencillo de reparaciones en casa. Cuando el conflicto es entre hermanos, no hay que entrar en «quién empezó». Si ambos niños se han portado mal, la reparación debe ser mutua. La reparación debe ser un acto que haga más fácil la vida de la otra persona, como hacer sus tareas domésticas durante cierto tiempo, leer un cuento a un hermano menor, arreglar la bici, dejarle ver el programa de televisión que prefiera o dejarle la consola para jugar.

Además, la reparación es idónea cuando tú eres el blanco de los estallidos de rabia de tu niño. Debes ser razonable. No tengas «mentalidad de esclavo». La reparación debe ser acorde con la falta. Por ejemplo, si un niño de seis años tira los ejotes por la habitación cuando le has dicho que tiene que comérselos todos, haz que los recoja y barra. Si un niño de diez años tiene una rabieta por tener que tirar la basura, haz que limpie el bote además.

No olvides que al emplear la reparación debes ser constructivo. No lo plantees como castigo. Empléalo como prolongación de la petición de disculpas y la rectificación de un error. La reparación es una oportunidad para renovar la confianza y un punto de partida para decisiones más acertadas en el futuro.

Calmar el berrinche antes de imponer la disciplina

Cuando se siente rabia es natural perder el control. Te hallas en estado crítico. La rabia te hace sentir simultáneamente la necesidad de resolver y de relajarte. Es fundamental calmar la rabia antes de imponer la disciplina. Habla a tu niño en tono calmado y si no, cállate. No temas decir: «Necesito hacer una pausa. Ya hablaremos dentro de un cuarto de hora.»

He aquí algunas ideas para calmarte:

Toma medidas preventivas. Haz una lista de sanciones para el caso de infracción de normas básicas. Pon por escrito el castigo correspondiente cuando el niño pega, dice palabrotas, llega tarde, miente y demás. Haz que tu niño participe. Pon la lista en lugar visible. Así, cuando se produzca una infracción, no tienes por qué preocuparte. No digas nada. Mantén la calma. ¡Aplica la lista!

Presta mucha atención a tu «Medida de furia» interior en esas ocasiones. La rabia puede hacer que tus reacciones sean desmesuradas. Puedes malinterpretar las cosas a causa de la intensidad de tus emociones. Si «sube la temperatura» debes procurar controlarte.

Emplea tus estrategias para calmarte. Si no funcionan, date un respiro.

No insistas en tu posición, sólo conseguirás enfurecer a tu niño. Cuando estamos encolerizados nos ponemos tercos y creemos que tenemos razón.

Date tiempo para ver las cosas con cierta distancia. Haz que tu niño sepa que cuando tú estás encolerizado es difícil que se escuchen y se comprendan. Dile: «Cuando nos calmemos los dos podré hablar y entender tu punto de vista.»

Comprender no equivale necesariamente a aceptar, sino a tender puentes de comunicación. La comunicación es la clave para domar al Dragón.

Las crisis no son tan difíciles como a primera vista parecen. Contrólate y busca la manera de calmarte. Si te controlas estás en mucho mejores condiciones de decidir sobre lo que conviene hacer con tu niño.

Una mejor comunicación con tu hijo y las recién aprendidas técnicas de disciplina te van a servir para sacar mayor provecho del próximo capítulo y descubrir sugerencias para ayudarle a que aprenda a resolver los conflictos con otros niños.

22. Guerra de temperamentos: conflictos entre niños

A medida que los niños crecen, crece también tu preocupación por si van a saber hacer frente a la vida durante las inevitables borrascas de la infancia y la adolescencia. No siempre vas a estar con tu niño en esos momentos (ni él lo aceptaría), aunque sí puedes ayudarle a gobernar sus sentimientos.

A lo largo de este libro vienes aprendiendo a comprender su evolución y a poner en práctica estrategias acordes con cada edad y etapa. En este capítulo vas a aprender a ayudarles a afrontar las burlas, peleas y presiones de sus compañeros. Vas a encontrar sugerencias para que tus niños aprendan a resolver problemas y no teman fallar a la hora de buscar soluciones.

El conflicto en la escuela infantil: territorio y propiedad

A estas edades, los niños se debaten entre los esfuerzos por controlar su cuerpo y su afán por ser los «amos del universo». Aún no han salido del «yo, yo, yo». No saben pedir ni conseguir. Creen que basta con tomar lo que quieren.

El conflicto en esta etapa gira en torno al territorio y la propiedad. «¡Esto es mío!», «¡Mi perro es mejor que el tuyo!», «¡No te lo dejo!». Cuando no se salen con la suya suelen recurrir a las amenazas: «Si no haces lo que yo digo no soy tu amigo.» También hay niños más sofisticados que amenazan con más elegancia: «Soy tu amigo si me lo das.» Pero en ambos casos el objetivo es conseguir lo que quieren.

Enseñar a usar las cosas por turno

En esta etapa abundan los estallidos. Las expresiones más frecuentes de la rabia son agarrar y tirar cosas, empujar y pegar. Los padres envían a los niños a la escuela infantil para que aprendan «habilidades sociales» y luego no entienden por qué es tan difícil controlar a un solo niño en casa con un solo compañero de juego.

Jeremy era un caballero de armadura brillante que defendía su territorio y afrontaba toda clase de peligros. Jugaba a rescatar a su hermano pequeño, de manera que él era el fuerte y el que controlaba. Cuando venían a jugar otros amigos él insistía en que jugasen a su manera. Jeremy sabía que debían jugar «por turno» y que debía dejar que los demás también hicieran de héroe, pero no podía resistir decirles lo que tenían que hacer.

De las órdenes pasaba enseguida a los gritos y los empujones. Su padre le advertía: «Si juegas así, tus amigos se van a ir a su casa.» Jeremy gritaba y le quitaba a su amigo la espada de plástico gritando: «¡Empezó él! ¡Fue él!»

Si el padre de Jeremy mandaba a su amigo a casa ¿qué aprendería el niño? ¿Cómo podía su padre hacer que Jeremy sacara alguna enseñanza? ¿Tenían que fijarse los niños en sus sentimientos o en cómo resolver el problema?

A estas edades los niños no saben explicar sus problemas. Se frustran si los padres pretenden que lleguen a un compromiso. El padre de Jeremy decidió ayudar a los niños a marcar los respectivos territorios y a comprender lo que significaba usar las cosas por turno:

«Ya sé que los dos quieren ser el caballero», dijo el padre, «y me gusta ver que saben compartirlo. Hay veces que nos gusta decir al otro lo que tiene que hacer. Pero eso molesta. Cada uno debe hacer lo que quiera cuando sea su turno. El otro debe hacer lo mismo cuando le toque. ¿Qué podemos hacer para tener paciencia y esperar cada uno su turno?»

Esta técnica evita que el padre tenga que meterse y acota perfectamente la zona de control de los niños. Marcar el territorio dejó claro cuál pertenecía a Jeremy y cuál a su amigo. El padre les ayudó a centrarse en lo que necesitaban para resolver su problema. Y les dejó claro que debían aprender a tener calma y saber esperar hasta que les tocara el turno.

Cuando los niños volvieron a jugar, el padre los estuvo observando. Comprobó que el dragón sabía esperar su turno porque los dos sabían cuál era su territorio y sabían compartir. El padre estaba preparado para intervenir de otra manera si cualquiera de los dos se descontrolaba.

Consejos para ayudar a los niños a llevarse bien

Recuerda estos puntos cuando quieras ayudar a tu hijo a resolver conflictos con otros niños.

Los actos valen más que las palabras. Si quieres que tu niño aprenda a compartir tranquilamente y a saber negociar, debes predicar con el ejemplo. No grites ni amenaces. Sé un buen modelo de lo que esperas ver en él.

Marca el territorio con claridad. Es un hecho que a estas edades los niños necesitan tener «mío y tuyo». Pero si no tienen claro lo que corresponde a cada cual, ayúdalos. Elógialos cuando jueguen por turno y limítate a ayudarles al principio.

Ayuda a tu niño a emplear las palabras en vez de las manos. A estas edades los niños tienden a «hablar» mediante gestos. Agarran un juguete antes de preguntar si pueden jugar un rato con él. Imagínate que eres un director de cine y pulsa los botones «Pause» y «Rewind». Vuelve a poner las palabras que sirvieron para pacificar y para amainar la cólera. «Borra» los estallidos dejando claro *que no se puede agarrar ni pegar*. Pregunta qué palabras deben emplearse para conseguir lo que se quiere.

Las palabras no son armas sino instrumentos. Incluso un niño de cuatro años necesita límites para sus gritos, palabrotas y amenazas. Corta de raíz los estallidos de cólera dejando claro que son inaceptables. Haz saber a tu niño que comprendes su irritación o su frustración, pero que ni tú ni sus amigos estan dispuestos a escuchar sus gritos e insultos. Pídele que diga lo que quiere con buenas maneras.

Cuando tu niño ha perdido el control, debes imponer la disciplina. No sirve de nada pedir a un niño enrabietado que hable normalmente. Respira hondo y dile que se tranquilice. Si lo consigue, ten en cuenta el primer punto. Si no, impón inmediatamente la disciplina. A estas edades lo más efectivo es mandarlos al rincón o a la habitación porque les permite tranquilizarse y pensar. Entonces aplica el primer punto.

Conflictos entre los seis y los doce años: la presión del grupo

Muchos niños de estas edades poseen suficiente autocontrol como para invitar a jugar a sus amigos sin pelearse por lo que es suyo. Seguro que pasan el tiempo estableciendo las reglas de juego. Por eso son tan populares los videojuegos, juegos de mesa y de equipo.

A los diez años lo único que importa es pertenecer al grupo. Los niños se sienten seguros y aceptados respondiendo a las normas y expectativas del grupo. A los padres nos gusta ver cómo hacen amigos y se dedican a actividades cuyos valores y reglas nos parecen aceptables. Nos preocupa y da miedo sentir influencias negativas y presiones de compañeros por si empujan a nuestros niños en la dirección equivocada.

Rechazo e intimidación

A estas edades los conflictos con los compañeros suelen centrarse en la aceptación por el grupo. El grupo puede ser cruelmente intolerante con las diferencias de estilo u opinión y rechaza a quien discrepe o manifieste alguna peculiaridad o disconformidad. Los chicos aprenden a ocultar sus verdaderos sentimientos. Expresan su rabia de manera indirecta, con sus padres, ridiculizando, burlándose o humillando a otros niños para causarles el mismo daño que ellos han sufrido.

En el otro extremo están los «matones» que se sirven de la fuerza y la intimidación para imponer su manera de hacer las cosas. Los matones pueden estar ocultando su sentimiento de impotencia o aplicando tácticas de control y venganza que han aprendido en su casa. En cualquier caso, los padres nos sentimos frustrados y solemos ayudar a nuestros niños a hacer frente a las amenazas de los matones. Es más difícil saber cómo ayudarles cuando el matón es nuestro propio niño.

Travis había sido siempre un niño cauteloso, tímido y dubitativo a la hora de hacer amigos. Nunca lo elegían para actividades de grupo y se sentía desplazado. Los padres se quedaron encantados cuando entró en el equipo de natación del colegio y empezó a irle bien. Su agilidad y fuerza le hicieron ganar medallas en las competiciones. Pero si perdía se encolerizaba. Durante cierto tiempo limitaba sus estallidos a cuando estaba en el coche o en casa, pero la situación cambió al mudarse Rod al barrio.

Rod era campeón de natación, pero totalmente distinto de Travis: rotundo, descarado y desenvuelto. Si perdía una carrera con Travis enseguida buscaba la manera de salvar la cara. Recurría a su repertorio de puyas y burlas destructivas (en el vestuario, a espaldas del entre-

nador, por supuesto) para vengarse de Travis. Cuando los demás se reían de él, Travis se deprimía, se sentía rechazado y su rabia crecía. Empezó a gritar y maldecir cuando perdía una carrera, llegando incluso a arrojar una toalla al árbitro. Una vez Rod lo tiró del bañador y lo llamó «nene». Travis le respondió con un puñetazo que le hizo sangrar por la nariz.

El entrenador llamó a los padres de Travis muy preocupado por la conducta antideportiva de su hijo.

Los padres de Travis creían que ya lo habían intentado todo para ayudarle a enfrentarse con Rod. Le habían dicho que no le hiciera caso y mantuviera la calma. Travis se había negado a que sus padres recriminasen a Rod su comportamiento por temor a un ridículo aún mayor. Incluso había venido ocultando muchos incidentes para que sus padres no llegaran a intervenir. Travis sabía también que si acudía al entrenador lo tildarían de acusador y chivato.

Los padres de Travis se entrevistaron con el entrenador y hablaron con un integrante del equipo. Los dos le habían dicho a Travis que se tranquilizara, pues su genio fácil lo convertía en un blanco fácil. El amigo les contó muchos detalles sobre el comportamiento provocador de Rod, no sin antes haberles hecho prometer que no revelarían quién se lo había dicho (el chico no quería convertirse en el siguiente blanco de Rod).

Después los padres de Travis contaron todo al entrenador y lo frustrante que resultaba para ellos no poder controlar el comportamiento de Rod, que a su juicio era el origen de la furia de su hijo. El entrenador se comprometió a vigilar el vestuario e intervenir en cuanto observase conductas antideportivas en cualquier miembro del equipo. Pero el entrenador también fue claro. *Travis debía aprender a resolver su problema.*

Travis necesitaba tomar algunas iniciativas para controlarse. Esquivar el problema no serviría de nada. Sus padres no podían hacer nada por él. Pero Travis necesitaba un aliado, compañeros de equipo que lo apoyaran. Los padres invitaron al amigo de Travis a tomar una pizza y ayudaron a los chicos a forjarse un plan de actuación.

Travis y su amigo decidieron que de entrada no valía la pena intentar hablar con Rod. Coincidieron en que Travis necesitaba aliados y alguna forma de contraatacar. Idearon varias bromas y respuestas para que Travis supiera cómo frenar las puyas de Rod y mantener la calma.

Por ejemplo, frente al próximo insulto de Rod, Travis diría: «Gracias, Rod, tus palabras me vienen bien para entrenarme a mantener la calma ante los Sharks, así los aplasto en la carrera de la semana que viene». En caso de que Rod insistiera, el amigo de Travis diría: «¡Caramba! Ya veo que estás deseando que gane Travis.»

Al principio Rod siguió con sus puyas, pero Travis había aprendido a contestarle. Al final era Rod quien estallaba y se ganaba la reprimenda del entrenador. Travis se alegró cuando Rod se quedó en el banquillo antes de una carrera importante por su mal comportamiento. Además sabía que, de no haber cambiado su proceder, habría sido él quien se hubiera quedado en el banquillo.

Consejos para ayudar a los niños a resolver conflictos con los compañeros

Lo primero de todo es hablarlos. Si empleas las ideas sobre comunicación del capítulo 19, anima a tu niño a hacerlo también. Los chicos, al igual que los padres, saben emplear perfectamente frases que dejen claro sus sentimientos y lo que quieren en vez de lo que no quieren.

Ayuda a tu niño a buscar formas de resolver problemas, negociar y llegar a compromisos. Si el otro niño es responsable y razonable y quieren ser amigos, estas técnicas suelen funcionar. Aconseja y ayuda a tu niño a descubrir si funcionan y dale ideas para hacerlo aún mejor la próxima vez.

Ayuda a tu niño a controlarse. Mantener una imagen positiva de uno mismo es esencial para que los niños de estas edades sientan que están integrados y se les acepta. Recalca que los niños más maduros y populares saben mantener la calma. Todos ellos lo demuestran haciendo gala de su sentido del humor, practicando habilidades especiales en las que destacan o haciendo amigos. Ayuda a tu niño a ganar confianza y capacidad de control practicando las estrategias de relajación y calma expuestas en el capítulo 17.

No te entrometas. A estas edades los niños sienten una gran necesidad de actuar por sí mismos y ser aceptados por el grupo. Lo último que quieres a los diez años es que tu padre intervenga. Qué vergüenza. Cuando haya que imponer la disciplina fuera de casa, deja que sean los profesores, entrenadores, los padres de los amigos u otros adultos quienes intervengan públicamente.

Puedes reunirte en privado con esos adultos e influirles en el sentido de que impongan un tipo de disciplina basado en las reparaciones, las rectificaciones y el establecimiento de normas para evitar futuros estallidos.

Impón la disciplina si tu niño no se controla. Tu niño puede seguir furioso, aunque hayas ensayado con él diversas formas de resolver el problema. Permitir que siga descontrolándose es tanto como exponerlo a nuevos ridículos, rechazos y castigos por parte de profesores o entrenadores. Debes intervenir y quitarle ciertos privilegios, en especial los que estén relacionados con el problema que quieres resolver.

Tu niño debería reparar el daño causado a quienes haya herido en sus sentimientos. Saca partido del tiempo que tu hijo pasa castigado en su habitación o sin salir. Hazlo responsable de aplicar su propio plan para calmarse y controlarse.

Conflictos de adolescentes: demasiados cambios

El mundo de los amigos y los compañeros se hace aún más importante al llegar la adolescencia. A medida que el adolescente va ganando independencia tú vas renunciando a controlarlo, lógicamente. El adolescente sigue necesitando sentirse aceptado e integrado. Pero su necesidad de independencia va acompañada de la necesidad de ser diferente. Muchos adolescentes se ven atrapados por el siguiente dilema: «Quiero que mis amigos me acepten, pero también quiero ser yo mismo, alguien especial, único.»

Los adolescentes marcan perfectamente las distancias dentro y fuera del grupo mediante nombres y territorios, de manera que puedan rebelarse y ser diferentes a la vez que conservan aliados durante sus experiencias de disconformidad. Las normas de comportamiento del grupo cambian con rapidez, igual que las alianzas internas. El amigo de hoy puede ser el enemigo de mañana.

No es tarea fácil alcanzar el punto de equilibrio entre igualdad y diferencia, intimidad y distancia. Esta ambivalencia queda patente en su forma de relacionarse. Quieren intimidad con la misma intensidad con la que les asusta ser rechazados. La rabia les sirve para «ralentizar» una relación que se ha hecho demasiado íntima o violenta.

Ayudar a un adolescente testarudo

El empeño por conseguir el reconocimiento y la estima de los demás es estimulante y frustrante. Los adolescentes quieren ser considerados «el mejor» en algo y se muestran especialmente sensibles a la pérdida de reconocimiento dentro del grupo. Eso provoca furia y cólera, que pueden ocultar el daño sufrido y el temor al fracaso.

Stormy (Tormentosa) había hecho honor a su nombre desde pequeña. Era muy sensible y, aunque poco comunicativa, tenía el genio fácil. De pequeña tiraba cosas y pegaba cuando no se salía con la suya. Sus padres eran personas analíticas y comunicativas y no podían entender por qué el temperamento de su hija era tan opuesto al suyo.

Con el tiempo aprendieron a ayudar a Stormy a hacer ejercicio físico y a practicar deportes para controlar la cólera. Creían que lo estaba consiguiendo, Stormy empezó a descontrolarse cada vez más.

En casa se comportaba de modo hostil y por lo general se negaba a cumplir con su parte en las tareas domésticas. Ponía a prueba los límites de las normas impuestas por los adultos y no se esforzaba en el colegio, creyéndose que aquel curso no era importante. Estaba convencida de que en el departamento de admisión de alumnos de ninguna universidad tendrían en cuenta las notas de aquel año. Sus padres estaban muy preocupados por el aislamiento social de Stormy. Tras haber ido de un grupo a otro, se retrajo para no exponerse a más rechazos.

Un día Stormy se enamoró. La relación con su chico fue muy intensa. Tan pronto estaban muy apasionados juntos, como discutían y rompían para volver a quedar para el día siguiente. Los padres se preguntaban si aquello era normal. Las peleas de Stormy con su chico se hicieron más violentas. Empujones, palabras fuertes e incluso una bofetada, generalmente a cargo de Stormy. Estaba a punto de perder al chico, su último amigo y tabla de salvación emocional.

Los padres de adolescentes testarudos se enfrentan con un dilema universal: ¿Qué hacer cuando tienen conflictos? ¿Cuándo y hasta dónde intervenir? Las discusiones provocan más cólera en todos. Los sermones hacen sentirse culpables a los adolescentes.

Los padres de Stormy temían decirle que dejara de ver a su chico, porque sabían que ella necesitaba algún lazo emocional. Y estaban convencidos de que su testaruda hija se las arreglaría para verlo de todos modos por mucho que ellos se lo prohibieran. El chico les gustaba, pero no sabían cómo hacerle ver el problema. ¿Cómo dar a Stormy el apoyo y la orientación que necesitaba para recuperar el control de su vida y disfrutar de sus relaciones?

Lo primero que sus padres hicieron fue ir al psicólogo del colegio para enterarse de qué imagen tenía Stormy: una chica capaz y animada, que destacaba en deporte y teatro, que era donde su intensidad y estilo físico cuadraban mejor. A todos les preocupaba que Stormy fue tan retraída y susceptible. El psicólogo creía que era ella la que se había aislado y que sus amigos volverían a darle otra oportunidad si Stormy lo intentaba. Por suerte no había reaccionado mal con los profesores. Al psicólogo no se le escapaban las discusiones entre Stormy y su chico a la hora de la comida, pero no era un asunto en que hubiera de intervenir el colegio.

Los padres de Stormy decidieron dar ejemplo a su hija. El padre empezó a hablar de lo ocupado que estaba en el trabajo, de manera que no le quedaba tiempo para llamar a los amigos o hacer ejercicio. Pidió a Stormy que le ayudara a hacerse un plan para resolverlo. La madre evocó la ansiedad que había sentido la primera vez que había quedado con un chico. Había tenido que dar varias bofetadas a chicos por ser indiscretos. Le contó a Stormy lo confusa que se había sentido acerca de la intimidad y el sexo. Y se rió de sus meteduras de pata.

Cuando la familia veía programas de televisión o escuchaba canciones que ilustraban las penas del amor, los padres de Stormy las aprovechaban para hablar del tema. Cuanto más estrambóticas y trasnochadas le parecían sus ideas, más disfrutaba Stormy al compararlas con su propia situación. Al final acabó hablando abiertamente con sus padres.

Los padres empezaron a invitar al chico de Stormy a más reuniones familiares y sociales con el fin de ampliar el círculo de amistades de ambos. Esta estrategia sirvió para que remitiese la intensidad de su relación al tiempo que Stormy se dio cuenta de que los padres aceptaban a su chico.

Los padres dejaron también claras algunas normas básicas: ni rabietas ni palabras fuertes, ni estallidos de cólera. Quienes las infringieran, independientemente de quién hubiera empezado, tendrían que pagarlo: quitar malas hierbas del césped y proponer medidas para que no se repitiera, que los padres debían aprobar antes de que ambos adolescentes pudieran quedar de nuevo.

Los padres de Stormy ya sabían que su hija siempre sería intensa y vehemente, pero en eso residía parte de su encanto. Lo único que pretendían es que canalizara toda aquella energía en una nueva dirección. Insistían en que ella tenía una «pasión» (y no se referían a su chico). Stormy se apuntó al teatro municipal. Allí podía correr el riesgo de fracasar fuera del colegio y podía aprender lo suficiente para apuntarse al grupo de teatro del colegio al curso siguiente.

Consejos para ayudar a los adolescentes a resolver conflictos

¿Qué puedes hacer para ayudar a un adolescente testarudo? Orientarlo. Ten preparada una «red de seguridad», pero deja que el adolescente asuma sus propios riesgos.

Consolida lo ya aprendido. Tú conoces bien los puntos fuertes y débiles de tu hijo adolescente. No los pierdas de vista. No pretendas que un chico vehemente hable con calma de sus cosas. Dale la oportunidad de hacerlo, pero sin olvidar ofrecerle un punto de escape a través de actividades físicas que le ayuden a relajarse y a controlarse.

Habla en tercera persona. A muchos adolescentes les asusta hablar de sus propios miedos y confusiones. Decir «yo» les parece demasiado expuesto. Crea cierta distancia emocional y ponte tú mismo como ejemplo de las fragilidades humanas (aunque tengas que novelarlas un poco). Tu hijo reaccionará para corregir a sus padres prehistóricos. Ilustra los dilemas de la edad poniendo ejemplos con otros adolescentes de su círculo o de los medios de comunicación. Recalca que tu hijo adolescente es capaz de idear formas creativas y prácticas de resolver conflictos. «¿Qué harías tú?» es una buena manera de romper el hielo para entablar conversación.

Respeta su derecho a tomar decisiones. Deja que asuma riesgos, aun cuando no estés de acuerdo, siempre que respete los derechos de los demás y no sea violento. Pregúntale: «¿Qué pasaría si el resultado es éste o aquél...?» Ayúdale a prever las consecuencias de sus actos. Pero deja claro que tiene todo el derecho a controlar la cólera a su manera.

Ten preparada una «red de seguridad». Deja claros los límites. Debes intervenir si tu hijo adolescente es autodestructivo o violento para con otros. Aplica medidas de disciplina que le den la oportunidad de calmarse y rectificar sus errores. Procura que tenga oportunidades de sentirse único y de controlarse. Busca otras vías si no lo consigue en el colegio o con sus compañeros.

Acepta las borrascas de la adolescencia. Sé realista. No pretendas que tu hijo no tenga conflictos con sus compañeros. Conserva la calma y el sentido del humor. Haz saber a tu hijo que tú y él siempre se enfrentarán con conflictos y que confías en que él (y tú) saben resolverlos. Todo el mundo siente cólera. Tú estás para ayudar a tu hijo adolescente a dar con ideas y soluciones frente al problema de la cólera. Tú puedes ser tu tabla de salvación. Dale ejemplo manteniendo la calma y escuchándolo. Aporta ideas y apoya los intentos de tu hijo adolescente por controlar la situación.

Cuando tu hijo vea que lo aceptas en vez de juzgarlo, se acercará a ti, aunque al principio el acercamiento adopte la forma de ataques y tensiones. No te pongas a la defensiva. Refuerza cuanto veas u oigas de positivo en él. Hazle saber que lo aceptas, que confías en que puede resolver los conflictos, aprender de los inevitables errores y sentirse orgulloso de los aciertos.

Y ahora que hemos visto cómo ayudar al niño a abordar los conflictos con sus compañeros, en el capítulo siguiente veremos cómo pueden enseñar los padres a resolver el conflicto entre hermanos.

23. Guerra de temperamentos: conflictos entre hermanos

Pelearse es parte esencial (no sólo normal) de la relación entre hermanos y hermanas. ¿Por qué? Los niños necesitan un banco de pruebas para ensayar su capacidad de hacer amigos y enemigos. Todos los chicos necesitan tiempo en el que no tengan que portarse bien ni controlarse, confiados en que la familia los quiere de todas formas.

La sensación de poder y control es gratificante y fácil de lograr para los niños más mayores. Tus niños van a pelearse por el reconocimiento, la propiedad, el tiempo y, especialmente, por que se les haga caso. Aunque lo cierto es que se pelean más que nada porque les divierte. Pelearse es la mayor diversión que conocen. ¡Qué emoción provocar a un hermano para que se ponga nervioso! ¡Qué alegría hacérselo a una hermana, especialmente delante del chico a quien ella quiere impresionar! ¿Qué mejor que una pelea durante un largo viaje en coche? ¿Qué manera hay más rápida de llamar la atención de los padres? ¡Qué divertido es pelearse, provocarse y tirarse puyas!

En este capítulo vas a aprender a reconocer las peleas «normales» entre hermanos y hermanas y a saber cuándo, cómo y por qué intervenir.

«Ya sé que mis niños se quieren, pero ¿por qué están siempre peleando?»

«Mis dos chicos nunca dejan de pelearse.»

«Creía que las hermanas mayores eran amables. Mi hija se pasa el tiempo tiranizando a los dos más pequeños y, si no le hacen caso, les pega.»

«Cuándo intervenir? ¿Cómo poner fin a esta batalla constante?»

Los padres quieren que la casa sea un remanso de paz y seguridad, pero las tensiones originadas por las peleas entre hermanos y hermanas pueden hacerles decir: «¡Ojalá no hubiesen nacido nunca!» A veces, en el colmo de la desesperación, amenazamos e insultamos igual que hacen los niños. No te desanimes. Disculpa esos lapsus normales. Tu niño te los perdona.

No pretendas acabar con las peleas entre tus hijos. *Piensa a quién le molesta la pelea.* Si tus niños se lo pasan bien y no se hacen daño, ve a relajarte a otra parte de la casa. De todas maneras, debes intervenir cuando la pelea provoca daños físicos o emocionales o se plantea una y otra vez el mismo problema y no acaba de resolverse.

«¡Empezó ella!»

El siguiente ejemplo ilustra a la perfección un típico conflicto entre hermanos.

Reagan nunca asumía su parte de responsabilidad en una pelea. Era demasiado orgullosa y obstinada para dar su brazo a torcer, pero además dominaba el arte de recurrir a sus padres cuando no lograba salirse con la suya o cuando su hermano se descontrolaba.

La pelea número 3,569 se produjo al zapear ella con el mando a distancia durante el programa de televisión favorito de su hermano. Él se puso furioso, cogió el mando a distancia y le dio con él en la cabeza. Reagan gritó: «¡Mamá! Bobby ha vuelto a pegarme! ¡Por poco me mata!» Bobby contraatacó: «¡Empezó ella, mamá!»

La madre de Reagan estuvo tentada de preguntar qué había ocurrido. Sobre todo por conocer la versión de Bobby sobre cómo había provocado Reagan la pelea esta vez. Pero ya sabía que eso no haría sino agravar el conflicto porque se echarían la culpa mutuamente. Así que les dijo a los dos: «Ya sé que me han llamado porque no saben controlarse. Espero que aprendan a resolverlo vosotros solos. Díganme cada uno qué pueden hacer para calmarse y solucionar el problema.» Ambos trataron de ganarse a su madre echando la culpa al otro, pero ella les repetía: «¿Y cómo lo vas a resolver?»

Ten en cuenta las siguientes sugerencias al intervenir en situaciones como la del ejemplo anterior.

No te dejes implicar en ninguna pelea. Nunca tomes partido. Al intentar comprender lo ocurrido, solemos tener que escuchar una letanía de quejas sobre lo que ha hecho el otro, el único culpable. Aunque trates de hacer de árbitro los niños se empeñan en que te pongas de su parte para ganar al otro.

Deja claro que, una vez empezada la pelea, los dos son responsables. Limítate a cómo zanjarla.

Si quieres enterarte de lo ocurrido, pregunta a cada uno qué ha hecho para controlarse y resolver el problema.

Insiste en que se calmen antes de hablar.

Concéntrate en ayudarles a hacer un plan para solucionar el problema.

IR CON EL CHISME

Queremos que nuestros niños recurran a nuestra ayuda cuando la necesitan. Pero suelen recurrir también cuando buscan venganza. Recurriendo a los padres un niño cree que dispone de una ventaja estratégica para ganar una pelea.

Rick no hacía más que ir con el chisme a su padre de lo que hacía o dejaba de hacer su hermano. «Brian es malo. ¡Se ha comido todas las pastas!» «¡Papáááá, otra vez! ¡Brian ha entrado en mi habitación y me ha revuelto la colección de estampas!»

Brian estaba incumpliendo las normas, pero lo que más preocupaba a su padre era el empeño de Rick en venir a contárselo. Pretendía que tomara partido y castigara a Brian. Eso haría el conflicto interminable.

Al querer ser buenos padres y hacer cumplir las normas solemos vernos implicados hasta el cuello en los conflictos de nuestros niños. Si el padre castigaba a Brian, Rick se alegraría por haber creado problemas a su hermano. Rick habría ganado una batalla en la guerra entre hermanos. Pero Brian querría vengarse. Y lo mejor sería ir con el chisme a su padre con lo que volvería a repetirse la misma historia.

Al padre le molestaba que Brian se hubiese comido todas las galletas (que reservaba para después de la cena). Pero no quiso hacer de árbitro porque eso significaría atizar el deseo de venganza en Rick.

Lo que el padre hizo fue decir: «Los dos queríamos pastas, Rick. Controla tu decepción que yo haré lo mismo con la mía.» Más tarde el padre fue a la cocina y «descubrió» que no quedaban galletas y entonces actuó. Brian tuvo que compensar a la familia por glotón: o hacer una tarea doméstica de cada uno de la familia o comprar con sus ahorros algo que le gustara comer a cada uno.

Ten en cuenta lo siguiente si quieres acabar con los chismes en tu familia:

No los fomentes. Suelen ser una táctica para llevar a cabo venganzas y luchas de poder. Como padre debes cuidar de hacer cumplir las normas.

Haz que tus hijos te pidan ayuda cuando la necesiten. Pregunta: «¿Cuál es el problema? ¿Cómo has intentado solucionarlo? ¿En qué puedo ayudarte?»

Si te vienen con el chisme, contesta: «Yo me ocupo de hacer cumplir las normas.»

Pregunta a tu niño:

- ¿Estás cumpliendo las normas?
- ¿Cómo vas a controlarte?
- ¿Qué vas a hacer para solucionar el problema?

VENGANZA

Cuando sienten rabia, los hermanos y hermanas suelen ser muy creativos a la hora de devolver el mal que les han hecho. Imagina la sensación de poder y el gozo perverso que proporcionan las burlas, puyas, motes e insultos cuando hacen mella.

Siempre que se encolerizan los niños quieren hacérselo pagar a alguien. Los adultos ya conocemos el problema de la venganza. Engendra un círculo vicioso de cólera: *yo te la devuelvo, tú me la devuelves...* Pero ¿cómo hacer que nuestros niños se den cuenta de que las tácticas de venganza son destructivas? ¿Cómo, con lo frecuentes que son en el mundo de los adultos?

A Jill le encantaba crear problemas. Era la segunda de tres hermanos y había adquirido una gran habilidad en hacerlos explotar. Gritaba de alegría cuando sus padres los castigaban a causa de las provocaciones de ella. Ella sabía que cuando llamaba bebé a su hermano o lo amenazaba con contar a sus amigos que todavía mojaba la cama, su hermano perdía los estribos. Para picar a su hermano le bastaba con recurrir a alguna de estas amenazas delante de sus amigos.

Cuando sus hermanos le pegaban en venganza, Jill ponía en práctica tácticas aún más creativas. Dedicaba muchas horas a fantasear sobre cómo hacérselo pagar.

El placer de la venganza. ¿Quién de nosotros no se ha imaginado tirando dardos a una foto del jefe? ¿Quién no ha querido estropear la tarde libre de su cónyuge con una lista de recados, en respuesta a lo que dicho cónyuge nos hizo el pasado fin de semana? ¿Quién no ha deseado vengarse alguna vez? A continuación se cuenta cómo la familia de Jill le ayudó a aprender formas más productivas de resolver sus conflictos.

Los padres de Jill no se habían dado cuenta de la cantidad de problemas que ella causaba a sus hermanos. Ellos se rebelaban cuando los padres se la presentaban como modelo de bondad. Empezaron a pagarle con la misma moneda y las batallas desembocaron en una guerra. Cuando estalló el conflicto los padres se dieron cuenta de que todos habían contribuido.

Los padres convocaron una reunión familiar y hablaron de las muchas veces que habían imaginado vengarse de los demás. Expusieron el costo de la venganza y les hicieron ver que era un círculo vicioso que no tenía fin. Les dejaron claro que a partir de ese momento castigarían cualquier intento de venganza. Después preguntaron a los chicos lo que querían cuando se enrabietaban.

Jill empezó a hablar de que se sentía celosa y abandonada. Al principio sus palabras sonaban a ataques vengativos («nunca haces esto, siempre haces lo otro») pero acabó contestando las preguntas de sus padres. «Si nos dices lo que necesitas, podemos ayudarte a sentirte mejor.»

Jill necesitaba mayor control y reconocimiento dentro de la familia. Los padres decidieron encargarle el cuidado de las mascotas, algo que habían pedido sus hermanos. Se encargaría de ello siempre que controlase su rabia responsablemente. Si estallaban conflictos y se desataban venganzas, los padres impondrían la disciplina según normas previamente pactadas.

Si Jill se enfadaba con uno de sus hermanos, debía hablar con él y llegar a algún tipo de compromiso. Si trataba a los demás como a iguales, ellos empezarían a tratarla a ella con más respeto. Los adultos sabemos distinguir entre realidad y fantasía. Sabemos el precio de la venganza. Sabemos que la fantasía nos sirve para canalizar la rabia y llegar a soluciones constructivas. Pero los niños suelen sentirse dominados por la cólera y no son capaces de calibrar el precio de la venganza. Para eso necesitan nuestra ayuda.

No quites importancia a la rabia de tu niño. La venganza no es sólo una válvula de escape para la cólera, sino una forma de afirmar el poder.

Insiste en que tu niño afronte su cólera de modo más constructivo. Emplea las técnicas para hablar de los sentimientos y la resolución de problemas expuestas en los capítulos 19 y 20.

Busca formas de ayudar a tu niño a recuperar la sensación de poder y control que brinda la venganza, pero de manera más constructiva. Pregunta a tu niño: «¿Qué te haría sentirte mejor?»

Recuerda que todos los niños quieren mantener sus posiciones de poder. Tú puedes ayudar mejor a tu niño animándolo a buscar una posición de igualdad entre todos, en vez de animarlo a dominar a otros.

«¡No hay derecho!»

El truco más poderoso que emplean los niños en sus peleas es gritar: «¡No hay derecho!» A los padres les gusta ser justos, pero eso no equivale a que las cosas tengan que ser iguales para todos los niños. Cada uno tiene su estilo y sus necesidades. Tú serás justo si actúas según las necesidades de cada niño.

Keith y Mitch se llevaban tan poco tiempo que sus padres solían tratarlos como si fuesen gemelos. Tanto se acostumbraron a esto que, desde muy pequeños, si no recibían el mismo trato gritaban «¡No hay derecho!» Pero uno y otro manifestaban la rabia de maneras muy diferentes. Keith era más vehemente y Mitch más reconcentrado.

El pediatra recomendó a sus padres que castigasen los estallidos de rabia de ambos hermanos mandándolos a su habitación. El resultado fue que Keith siempre estaba castigado y se quejaba de que había empezado Mitch. Aquellos castigos ayudaron a Keith a calmarse y controlarse, pero le daban tiempo a Mitch para planear su próxima venganza.

Los dos hermanos de este ejemplo tenían diferentes formas de expresar la rabia y necesitaban formas distintas de castigo. En una reunión familiar los padres explicaron que ellos iban ocuparse de mediar en sus peleas. No escucharían ninguna queja más de ninguno de los dos.

Keith seguiría yendo a su habitación como forma de tranquilizarse. Mitch tendría que reparar el daño causado por sus venganzas. Como no le gustaba tener que hacer las tareas domésticas de Keith, Mitch dejó de vengarse de su hermano. Las cosas ya no fueron iguales para ambos, pero la situación era mucho más justa.

Sigue estos consejos en situaciones que tengan que ver con la equidad.

No caigas prisionero de las exigencias de justicia de tu niño. Deja claro que eres tú quien decide lo que necesita cada niño.

Busca el equilibrio. Da cariño, apoyo y atención a todos por igual.

No dejes que tus niños te hagan sentirte culpable. Piensa más en cómo reaccionas ante cada uno.

Recuerda a tus niños que ser justo no quiere decir igual para todos. Ser justo significa que cada miembro de la familia recibe lo que necesita.

Las necesidades del niño

Todos los niños necesitan sentirse respetados. Ellos lo suelen interpretar de manera más literal: quieren el control para hacer lo que quieran. Pero a menudo interfieren los demás ese derecho y de ahí vienen la frustración y la cólera. Cuando tu niño tenga conflictos con amigos o hermanos, asegúrate de que sus necesidades básicas están cubiertas. Es lo más importante que puedes hacer para prevenir estallidos de rabia.

Necesidad de ser independiente

Espacio. Intimidad. Individualidad. ¿Cómo está organizada tu casa? ¿Tiene cada niño un sitio para estar solo, ser creativo, estar tranquilo y en calma? ¿Puede cada niño invitar a sus amigos a un espacio que le sea propio? ¿Tienen horarios que permitan tiempo particular para cada miembro de la familia? ¿Dispone cada niño de su propio tiempo con el padre y con la madre? Muchas batallas no pasan de ser simples peleas.

Examina atentamente cómo está organizada tu casa, sus horarios y expectativas, de modo que des a cada miembro de la familia el espacio e independencia que necesita. No olvides incluirte. Si tienes tiempo para ti mismo, estarás en mejores condiciones de atender las necesidades de tus niños. Incluso encajarás mejor sus peleas habituales.

Necesidad de sentirse especial

Todos nosotros necesitamos sentirnos especiales y orgullosos de lo que hacemos. Necesitamos sentir que nos controlamos. Los niños se descontrolan cuando sienten rabia. Sienten que nadie los respeta. Se sienten impotentes. Esa sensación de control y poder la consiguen fácilmente empezando una pelea. Pelear les hace sentirse protagonistas. Aunque no ganen ni consigan lo que quieren, han sido el centro de atención durante un rato.

Si lo has «intentado todo» y tu niño sigue peleando y hasta parece que le gusta, ya sabes que tienes que emplearte a fondo. Puede que tu niño no se sienta suficientemente reconocido ni realizado. Prueba con actividades en las que él se sienta único. Ayúdale a valorar cada triunfo, por pequeño que sea. Habla con orgullo de las habilidades de tu niño. Ayúdale a sentirse especial, a sentir que controla algo más que la rabia.

Necesidad de estimulación

Pelearse no alivia ni las tensiones ni el aburrimiento. Pelearse puede convertirse en un hábito que crea tanta adicción como la televisión o los videojuegos. Debes considerar nuevos pasatiempos y actividades para estimular a tus niños y sus amigos. En los largos trayectos en coche u otros ratos aburridos, necesitas ofrecer alternativas atractivas a la energía creativa, así como imponer sanciones en caso de mal comportamiento.

¿Qué ejemplo das?

Como has podido ir viendo a lo largo del libro, tú eres una de las claves para ayudar a tu niño a dominar la rabia. Si tus hijos siguen teniendo problemas entre ellos, mírate seriamente a ti mismo.

¿Cómo resuelves los conflictos con tu pareja? ¿O con tu ex, si ha habido divorcio? ¿Cómo afrontas la rabia en relación con tus amigos, parientes y compañeros de trabajo? ¿Qué ejemplo das? Puede que tú mismo necesites un plan a largo plazo para mejorar tus relaciones con los demás.

Si analizas las causas de tu rabia y cómo la afrontas, estarás en mejores condiciones de ayudar a los demás a canalizarla.

Si la rabia de tu niño está muy arraigada, en los próximos tres capítulos se ofrecen pistas y orientaciones para distinguir entre una conducta normal en casos de niños con personalidad angustiada, impulsiva o agresiva y los síntomas que indican que debe pedirse ayuda a un profesional.

Quinta parte

Casos especiales

24. El niño tenso y angustiado

Casi todos los niños tienen explosiones de rabia en ciertas ocasiones, sin que presenten «necesidades especiales» en cuanto a cómo controlarla. En cambio, los niños muy tensos y angustiados, hiperactivos y muy impulsivos o agresivos y descontrolados ofrecen ciertas particularidades dada la intensidad de su furia.

Rasgos del niño tenso y angustiado

Entre los rasgos del niño tenso y angustiado cabe destacar:

- Oculta sus verdaderos sentimientos y necesidades.
- Va más allá de su capacidad.
- Se retrae ante actividades en grupo.
- Es prudente y observador o muy responsable y colaborador.

En estos niños se cumple lo de «la gota que colma el vaso». Al verse sometidos a más de una exigencia o presión, pueden agobiarse, echarse a llorar o encolerizarse. Pueden tener explosiones de mal genio o sentirse paralizados. Y como el resultado suele ser sacar peores notas o tener menos éxitos, eso confirma su temor al fracaso. La forma de reaccionar contra ese miedo es atacar o echar la culpa a los demás.

¿Qué provoca la rabia de tu niño?

Los motivos habituales de la rabia en el niño tenso y angustiado son:

- Demasiadas presiones.
- Críticas mal encajadas.
- Objetivos desmesurados.

Emily era una niña agradable de ocho años que tenía que enfrentarse con un cambio reciente, el nuevo matrimonio de su padre y sus frecuentes viajes de negocios. Normalmente era de buen carácter y no solía quejarse, pero últimamente sentía miedo a la hora de acostarse y había empezado un ritual obsesivo al vestirse por las mañanas.

Antes de vestirse ponía toda la ropa sobre la cama y la alisaba hasta la última arruga. Calcetines, ropa interior, vaqueros, sudadera, todo tenía que sufrir el mismo proceso. Si su madre o su madrastra le metían prisa o la interrumpían, Emily estallaba. Después se sentía culpable y avergonzada y se refugiaba en el silencio y ocultaba sus emociones, hasta que la menor frustración la hiciese estallar de nuevo.

Los niños brillantes y muy habladores, angustiados y tensos como Emily dedican gran cantidad de tiempo y energía a pensar y hablar de sí mismos de modo improductivo, obsesivo, negativo y agobiante. Es muy importante que sus padres encuentren el modo de ayudarles a utilizar correctamente sus habilidades verbales. Los niños pueden aprender a emplearlas para calmarse y darse ánimos. Su propia sensibilidad puede enseñarles a interpretar con mayor realismo las necesidades, sentimientos y aspiraciones de los demás.

Formas de ayudar al niño tenso a afrontar los cambios

Un niño angustiado puede llegar a experimentar una gran tensión. A continuación se dan algunos consejos que pueden ayudarte a disminuir las exigencias y aliviar la tensión en tu niño. El objetivo es ayudar a estos niños a confiar en sí mismos y valorarse por lo que son, no por lo que hacen.

1. Elogia a tu niño cuando busca tiempo para relajarse, calmarse y disfrutar.
2. Sé sensible a la tensión de tu niño y modera las tuyas.
3. Cuando suba la cólera de tu niño, ofrécele «válvulas de escape» para que pueda tranquilizarse.

Disciplina adecuada en estos casos

Los niños angustiados son muy críticos, maestros en el arte de ridiculizarse y hacerse reproches a sí mismos. Los sermones de los adultos sólo aumentan su sentimiento de culpa y su rabia. Rara vez hace falta castigarlos. Si nos centramos demasiado en el castigo, lo que hacen es ocultar la cólera.

La disciplina adecuada para los niños tensos consiste en mandarlos a su habitación u obligarlos a realizar actividades en silencio que les den la oportunidad de calmarse. Reparar el daño causado les permite reducir su sentimiento de culpa y su temor al rechazo, al restablecer la relación con el otro de forma positiva.

Formas de relajarse y controlarse

Establecer el nivel de furia puede venir bien en estos casos, pues permite a estos niños medir sus propios sentimientos. Los síntomas suelen ser señales físicas de tensión o formas negativas de hablarse a sí mismos. El nivel de furia puede ayudarlos a saber cuándo emplear estrategias mentales y físicas para calmarse.

Hablarse a sí mismos de modo positivo

Una técnica efectiva es combinar la relajación física con hablarse a sí mismos de modo positivo. Si el niño siente tensión en el cuello y el pecho, puede empezar a hacer movimientos de cabeza respirando hondo y diciéndose: «Puedo con esto, debo ir paso a paso.»

Como estos niños esperan demasiado de sí mismos, es importante que los pensamientos y actos para calmarse sean muy sencillos. Si no, son una nueva fuente de obsesiones. Muchos niños angustiados encuentran dificultades con estos ejercicios de autocontrol porque sus pensamientos negativos y obsesivos aumentan la tensión e impiden la relajación.

Suelen pensar «yo debería...», «no puedo...», «si no hago..., algo malo pasará». Puede que le sean necesarias algunas técnicas para frenar el pensamiento negativo.

Frenar el pensamiento negativo

Para prevenir los pensamientos obsesivos tu niño angustiado tiene que aprender primero a reconocerlos. He aquí cómo enseñar esta técnica efectiva:

Pide a tu niño que anote en el nivel de furia los pensamientos obsesivos y añada los nuevos que se le vayan ocurriendo.

Enseña a tu niño a emplear una palabra clave, tan fácil como «¡Alto!» Al pronunciarla debe evitar los pensamientos o palabras negativas y sustituirlas por otros que sean positivos. «Estoy bien. A mis compañeros les gusto más si estoy tranquilo y me controlo» o «Me las arreglo mejor si me quito de encima la tensión».

Anima a tu niño a premiarse cada vez que aplica esta técnica. El mejor premio son tus palabras de elogio.

Autocontrol

Los niños angustiados y tensos suelen tener violentos estallidos de cólera tras un largo periodo de tensión y reproches a sí mismos. Pueden adoptar la forma de retahílas sobre los errores que has cometido con él. No debes responder por más que lo desees.

Escucha atentamente. Por debajo del ataque puedes leer la avalancha de la sensación de fracaso y decepción de tu niño. Tu niño se siente culpable y avergonzado de haberte decepcionado, por eso te ataca a ti y a tus exigencias.

Si una de las estrategias para calmarse no funciona, enséñale técnicas para frenar el pensamiento negativo. Si responde, elógialo y fija un tiempo para hablar. Si no responde, debes ver el correctivo adecuado (mandarle a su habitación, reparar el daño, etc.).

Aliviar la tensión

Una vez empezada la retahíla, tu niño te expondrá una larga lista de agravios. Muchas de sus quejas serán juicios realistas y atinados sobre la tensión en la que vive. Sigue estos pasos para enseñar a tu niño a abordar las tensiones y conflictos:

Deja claro que vas a escucharle y contestarle en cuanto se calme.

Trata cada asunto por separado.

Asume tu responsabilidad en el problema mediante un pacto para mejorar. En tanto que parte del pacto, haz que tu niño esté atento a los primeros síntomas de cólera y, en ese punto, dile lo que más le pueda ayudar.

Pacta pausas a horas fijas para aliviar la tensión. Más vale prevenir.

Piensa en premios como más tiempo para jugar, divertirse y descansar. Ayuda a tu niño a mejorar su autoestima.

Anima a tu niño a hablarte

Aunque estos niños suelen ser charlatanes y muy curiosos, tienen tendencia a comunicarse sólo para recoger información sobre lo que piensan y necesitan los demás. Esto les da sensación de control. De todas maneras, pueden enmascarar sus propias necesidades y sentimientos hasta que estallan. Puedes servirte de las siguientes sugerencias para ayudar a tu niño a ser más abierto sobre sus sentimientos. De todas maneras, no olvides que hacer que tu hijo se comunique es lento y difícil. La clave está en la calma y la confianza.

Empieza a hablar tranquilamente de asuntos generales, a la hora de acostarse o en el coche.

Emplea la tercera persona o plantea situaciones hipotéticas para dar a tu niño la distancia emocional necesaria para que pueda plantear los asuntos.

Exponer tus propias frustraciones puede resultar útil. Haz hincapié en que tú también tienes dudas y a veces te gustaría estallar.

No pases por alto ni te centres en exceso en las primeras manifestaciones negativas que puedan aflorar cuando tu niño se ponga a hablar. Tales pensamientos no significan ni que sea un fracaso ni que le rechacen. Es perfectamente normal que tenga y comparta esas dudas y sentimientos.

A medida que se vaya sintiendo cómodo hablando de sus sentimientos, hazle saber que te gustaría saber qué quejas tiene de ti, siempre que las exponga de manera adecuada. Cuanto antes lo sepas, mejor podrás responder. Cuanto más concreto y positivo sea, más efectiva será tu respuesta. Puedes reaccionar más positivamente a lo que tu niño quiere que a lo que no quiere.

Cuándo se necesita terapia

Normalmente la rabia del niño angustiado y tenso puede tratarse con éxito en el seno de la familia. De todas maneras, pueden darse situaciones críticas (desempleo, nuevo hermano, divorcio, muerte u otras) que creen tanta tensión que sea imposible durante un tiempo atender las necesidades de tu niño.

En casos así suele ser muy efectiva la terapia familiar. Tu niño necesita verte como la clave para recuperar la sensación de calma. Tú necesitas ser el apoyo y el defensor de tu niño. La terapia puede ayudar a toda tu familia a compartir la responsabilidad del problema y a aprender estrategias para aliviar la tensión.

25. El niño hiperactivo e impulsivo

Algunos niños han nacido con una quinta velocidad. Actúan antes de acabar de pensar. Se enfadan si no se salen con la suya al instante. Su frustración se traduce en estallidos de rabia que pueden llegar a ser muy desagradables en público. Padres, profesores, amigos y hermanos pueden sentirse frustrados y cansados enseguida de los arrebatos de un niño impulsivo.

Rasgos del niño hiperactivo e impulsivo

Entre los rasgos del niño hiperactivo e impulsivo cabe destacar:

- Inmadurez social.
- Dificultad para jugar en equipo.
- Aparente falta de consideración hacia los sentimientos de los demás.
- Pelea en vez de conversación para resolver un conflicto.
- Egoísmo.

Las familias con niños así suelen hallarse emocionalmente agotadas. Aunque comprenden la necesidad de canalizar las energías del niño, no pueden evitar sentirse resentidos y frustrados en ciertas ocasiones. «¡Pero si lo hemos intentado todo!» es su grito de rendición.

En el colegio los problemas del niño impulsivo son mucho mayores. Pueden empezar por malos resultados, ya que le resulta difícil realizar algo de manera continuada. Puede dejar sin terminar sus propias tareas por entretenerse en lo que hacen los demás. A los compañeros les irrita su carácter tiránico y su necesidad de ser el primero. Al tener el genio fácil, puede haber pequeñas rabietas cuando el profesor le corrige.

¿Qué provoca la rabia de tu niño?

Los motivos típicos de rabia en los niños hiperactivos e impulsivos son:

- Pedirles que se calmen, se controlen y tengan paciencia.
- Pequeñas contrariedades, como cambios en las rutinas o un ligero aumento de la dificultad en alguna tarea.
- Límites impuestos por los adultos a sus impulsos («no te voy a dar ese dulce porque vamos a cenar dentro de una hora»).
- Burlas, motes o insultos por parte de sus compañeros.

A continuación se ofrece un ejemplo bastante habitual de comportamiento de un niño hiperactivo.

Todd tenía ocho años y era un niño hiperactivo, incapaz de esperar. Estando un sábado en el centro comercial con su padre y su hermana Megan, pidió un helado. Se pusieron los tres a la cola del mostrador de los helados, pero Todd no podía estar quieto. «¡Más deprisa!» gritaba a los de delante.

Su padre le dijo que fuese correcto y esperara sin gritar, ¡pero es que la cola iba lentísima! De pronto Todd avanzó y trató de abrirse paso a codazos.

Su padre, avergonzado, lo agarró del brazo y se lo llevó a su sitio. «Hijo, si no puedes esperar como es debido, te llevaré al coche para que te calmes y nos quedaremos sin helado.»

Todd se puso furioso y le soltó: «¡Magnífico, papá! ¡Nunca puedo hacer nada! ¡Gracias por ser tan mezquino! ¡Odio a esta familia!»

Megan, de once años, que había permanecido normalmente en la cola, se volvió para decirle: «¡Muchas gracias, Todd! ¡Ya nos has vuelto a estropear el día a todos! ¡Pues si tú odias a esta familia, yo estoy empezando a odiarte a ti!»

Mientras, el padre enfadado sacaba deprisa y corriendo a los dos niños del centro comercial, Megan dijo muy enfadada: «¡No hay derecho, papá! Yo no he hecho nada malo y me he quedado sin helado ¡todo por su culpa!»

Todd, llorando de rabia y frustración, gritó: «¡Claro, Megan claro! ¡Siempre es culpa mía! ¡Tú siempre te sales con la tuya! ¡La dulce, inocente y modosita Megan, que no hace nada malo! ¡Lo que pasa es que papá y mamá te quieren más a ti!»

Su padre los llevó a casa entre perplejo y agotado.

¿Qué debería haber hecho para prevenir aquella batalla? ¿Cómo podían haber salido de la misma familia dos chicos tan diferentes, Todd que era tremendo y Megan que rara vez perdía los estribos? El padre creía que no hubiera dado resultado nada de lo que hubiera hecho. Por descontado que no podía permitir el mal comportamiento de Todd. Pero ¿era justo que Megan también tuviese que salir del centro comercial y se quedase sin helado?

Formas de ayudar al niño a afrontar los cambios

Establecer rutinas, orden y método

Las rutinas, el orden y el método son vitales para prevenir los estallidos de mal genio. Los niños hiperactivos e impulsivos llevan particularmente mal los cambios en las rutinas. Como ninguna familia puede tener un ritmo fijo e invariable, cuanto más ayudes a tu niño a encajar los cambios, menos estallidos de rabia habrá por esos motivos. Sigue estos consejos para ayudar al niño hiperactivo:

Comenta con antelación los cambios, las normas y planes nuevos.

Haz que tu niño ensaye las respuestas, si es posible. Estos niños son curiosos y enérgicos y suelen ser actores maravillosos.

Motívalo para que actúe en beneficio del grupo, pero sin agobiarlo.

Enséñale a esperar. Esto es especialmente importante, si es que esperar es parte de la nueva rutina. Los niños hiperactivos e impulsivos son incapaces de estarse tranquilamente sentados. Asígnale una actividad adecuada, como colgar los abrigos o cargar el coche.

Dosifica las actividades. Estos niños suelen saltar de una cosa a otra y a veces las dejan sin terminar. ¿Cuántas veces has descubierto que tu niño ha bajado la basura tal como le has pedido, pero ha dejado abierta la tapa?

Ensaya cada paso de las actividades. Haz una lista o dibújalos.

Anima a tu niño a controlar cómo las realiza. Haz que controle lo que ha hecho.

No lo agobies con críticas o comentarios despectivos. Si se distrae, anímalo a controlarse.

Emplea premios e incentivos por buen comportamiento

Los niños impulsivos suelen recibir mucha atención (aunque sea en negativo) cuando se descontrolan, pero no se les suele hacer caso si se controlan. Puede que al principio necesites darle recompensas materiales o relacionadas con la actividad para que cambien de comportamiento.

Los premios servirán para que termine cada paso de una determinada tarea y refuerce su autocontrol. Estos premios individuales son muy importantes en casa, sin olvidar que a la larga los premios más efectivos son el elogio y la atención.

Sean solía estropear las salidas de la familia por su sobreexcitación. Aguardaba impaciente a que todos se preparasen y eso lo ponía tan nervioso que empezaba a meterse con sus hermanos, quienes reaccionaban con acritud.

Estallaba el conflicto, pero los padres de Sean estaban tan ocupados con los preparativos de la salida que no intervenían desde el primer momento. Lo hacían cuando los niños empezaban a pegarse y a decir «¡Fue él, ha sido él!» Sean se convertía en el centro del debate. Pero los sermones le resbalaban. Si lo mandaban a la habitación, seguía rezongando. Los padres no sabían qué hacer para que se controlase.

La familia de Sean se dio cuenta de que era una costumbre que debía erradicar. Hicieron una lista de normas familiares sobre qué debía hacer cada uno para preparar la salida. Asignaron a Sean ciertos cometidos que lo mantuvieran alejado de sus hermanos. Si los realizaba satisfactoriamente (cargar el coche, tirar la basura y empaquetar la comida) como premio podría sentarse delante durante el viaje y repartir el chicle a sus hermanos.

A sus hermanos también se les encomendaron tareas y se les dieron premios parecidos. En caso de que Sean realizara correctamente sus tareas y tuviese que esperar, debía entretenerse leyendo, jugando a la consola o columpiándose fuera.

Los premios e incentivos deben corresponderse con las conductas positivas que quieres que aprenda el niño hiperactivo. No pretendas que sea paciente y se siente a esperar, ni que se ponga a hablar abierta y tranquilamente de sus necesidades y sentimientos. Lo más efectivo es premiarlos cuando desempeñan correctamente las tareas que se les asignen.

Enséñale a controlarse

A los ocho años los niños pueden ir aceptando mayores responsabilidades ya que pueden empezar a controlarse. Ayuda a tu niño a que practique el siguiente ejercicio (no basta con hablarlo en el caso de niños hiperactivos e impulsivos): «Detenerse, pensar, actuar.»

¿Cómo detener a un niño que actúa precipitadamente? ¿Cómo animarlo a que se tranquilice y piense antes de actuar? La solución reside en enseñarles a recordar y utilizar estas tres palabras: Detenerse (antes de un estallido de rabia), pensar (cómo controlarse) y actuar (hacer lo que se haya aprendido para calmarse).

Empieza por dar ejemplo. Cuéntale la forma automática en que utilizas tú esas tres palabras todos los días. Por la noche, mientras comentáis cómo ha ido la jornada, ponle ejemplos de cómo te ha servido emplear «Detenerse, pensar, actuar».

Pregunta a tu niño qué más podrías haber hecho tú para controlarte mejor. Puede venirle muy bien escuchar cómo has resuelto situaciones en las que has sentido rabia o frustración y has recurrido a determinados pensamientos y actos antes de contárselo a nadie.

A estas alturas tu hijo y tú están en condiciones de enseñarle a ejercitar lo de actuar. No lo hagas si está molesto o cansado. Espera la ocasión propicia. Lo primero que debes decirle es lo orgulloso que estás de cómo va madurando y aprendiendo a aplicar el plan «Detenerse, pensar, actuar».

Haz que comente o escenifique una ocasión en la que haya empleado este método para calmarse.

Plantéale situaciones imaginarias y practica con él cómo las resolverían.

Elogia a tu niño por aplicar esta estrategia. Lleva la cuenta de las veces que se controla al cabo del día y prémialo con un cuento extra o un tiempo especial contigo. Si se comporta bien durante una semana, el premio puede ser mayor, como ir al cine y comprarle palomitas.

Medidas disciplinarias para ayudar a tu hijo a controlarse

El niño hiperactivo e impulsivo puede hacerte sentir tan frustrado y exasperado que pienses que la única medida adecuada es el castigo, especialmente cuando se concreta en excluirlo y aislarlo. Es cierto que hay veces en que lo mejor es mandarlo a su habitación. De todas maneras, resultan más efectivas las medidas de disciplina que le sirvan para aprender a controlarse.

Irse a la habitación y realizar actividades físicas

Lo primero (si implica que un niño pequeño e hiperactivo se quede sentado y solo) puede dar lugar a violentos estallidos de cólera. Si tu niño necesita aislamiento para controlarse físicamente, es más efectivo que lo lleve a cabo haciendo una actividad física, como darse una vuelta a la manzana a pie o en bici o apilar leña. Puedes elegir alguna actividad segura en la que esté aislado y descargue el exceso de energía. También puedes combinarla con la reparación de daños, haciendo que tu niño haga algo por alguien a quien haya molestado o arregle un juguete roto durante una discusión.

Repetir actos

Éste es un método disciplinario efectivo con los niños impulsivos. El niño hiperactivo que sale disparado de casa sin ponerse el abrigo y deja suelto al perro puede reaccionar con resentimiento y berrinches cuando intentes que rectifique ese comportamiento. Hacer que se ponga diez veces seguidas el abrigo y cierre veinte veces seguidas la puerta con cuidado le hará comprender mejor lo que esperas de él.

También puedes hacer que tu niño practique técnicas de relajación física. Esto es muy importante como paso previo al control del propio cuerpo, especialmente entre los dos y los cinco años. Anima a tu niño a practicar la tensión y relajación de los músculos, como en el ejercicio del «muñeco de trapo» del capítulo 17, acompañado de ejercicios respiratorios y otras técnicas de relajación.

Inventar señales

Inventa una señal de autocontrol que ayude al niño impulsivo a vencer la tendencia al berrinche cuando no se sale con la suya. Dile que si se queja o se enrabieta no conseguirá lo que quiere. Decide cuál va a ser la señal: contar hasta diez, una canción o cualquier otra cosa que le dé tiempo a calmarse. En el capítulo 15 se dan ejemplos de señales que tu niño puede aprender a utilizar para calmarse.

Si se calma y se controla empleando esta señal, puedes hablar ya de lo que quiere. Después de emplear la señal, respira hondo como ejemplo para tu niño. Elógialo si él también lo hace. Apoya cualquier intento de autocontrol por pequeño que sea. Si no se controla, hay que recurrir a mandarlo a su habitación o quitarle privilegios.

Reparación

La reparación es especialmente efectiva cuando un niño mayor tiene estallidos de rabia con sus compañeros. Lo mejor es prevenir adoptando señales de alerta y aprendiendo estrategias de solución de problemas. De todas maneras, si estalla el conflicto, la reparación es un método importante para que tu niño impulsivo se dé cuenta de cómo afecta a los demás su conducta negativa.

La reparación puede consistir en algo tan sencillo como volver a dejar que el otro niño recupere su puesto en la fila, si tu niño se ha colado. Si sus actos impulsivos han costado a otro tiempo o esfuerzo, debería preguntarle cómo puede repararlo. La supervisión del adulto es vital en esos momentos.

Tu niño no debe reparar su acción hasta que se haya controlado y esté tranquilo. Uno de los objetivos de la reparación es recuperar el reconocimiento por parte del grupo. Para eso hay que actuar con espíritu positivo y constructivo.

Prevención

Los niños impulsivos también pueden aprender a utilizar la planificación como estrategia de prevención. Como no suelen pensar antes de actuar, deben esforzarse en comprender la relación causa/efecto de sus actos. Establecer el nivel de furia puede ser la base de dicha planificación. Conocer los motivos de su frustración y de la de los demás les ayudará a detenerse y controlarse.

Cuándo se necesita terapia

A pesar de tus heroicos esfuerzos, hay veces que el niño hiperactivo e impulsivo sigue siendo explosivo. Cuando estos niños se descontrolan, padres y compañeros los rechazan. Su autoestima cae en picada y pueden tener depresiones. La actitud agresiva y despectiva suele ocultar sentimientos de fracaso e impotencia. Si la rabia de tu niño es incontrolable, piensa en recurrir a la ayuda de un profesional.

La terapia puede ayudar al hiperactivo a controlar sus impulsos, a aprender habilidades que le den confianza en sí mismo. El deseo de controlarse puede cumplirse si tu niño se responsabiliza de sí mismo de modo positivo. Puedes ir suavizando los límites a medida que se responsabilice y aprenda a detenerse y pensar.

26. El niño agresivo y descontrolado

Hasta un niño de tres años se hace un tirano si sus rabietas se convierten en algo cotidiano. Si nadie pone límites a su comportamiento, los niños mayores pueden dominar a su familia, a sus amigos y a toda la clase. Intentar razonar con un niño muy agresivo o animarlo a hablar de sí mismo puede darle más armas para manipular y controlar a los demás.

Rasgos del niño agresivo y descontrolado

Entre los rasgos del niño agresivo y descontrolado cabe destacar:

- Peleas con otros niños.
- Rechazo a la autoridad y a las normas de la clase.
- Tendencia a echar la culpa a los demás mediante explicaciones complicadas.
- Conflictos y luchas de poder con quienes encarnan la autoridad.
- Desprecio por los derechos y sentimientos de los demás (insultos, burlas, hurtos, injerencias).

Los problemas del niño agresivo y descontrolado pueden obedecer en principio a tensiones, impulsividad, hiperactividad, malos tratos o a no haberlo educado en el autocontrol. A menudo se les disculpa y no se les hace mucho caso cuando son pequeños. Pero a partir de los seis años sus estallidos de rabia empiezan a resultar preocupantes.

A estos niños les gusta el poder y el dominio que les dan sus estallidos agresivos. No manifiestan remordimientos de conciencia ni les importa cómo repercute su comportamiento en los demás. Suelen considerar a los demás como la causa de los problemas. Y se niegan a asumir ninguna responsabilidad.

Este capítulo da algunas respuestas a los siguientes interrogantes:

- ¿Qué límites poner cuando los adultos ya lo han intentado todo?
- ¿Cómo pueden satisfacer estos niños brillantes y manipuladores su necesidad de controlar?
- ¿Qué pueden hacer los padres para que estos niños se comporten constructivamente?

¿QUÉ PROVOCA LA RABIA DE TU NIÑO?

Entre las situaciones habituales que provocan la rabia de un niño agresivo cabe destacar:

- Cualquier cosa que pueda hacer disminuir su sensación de fuerza.
- El fracaso en la familia o con los compañeros, en clase o en el equipo.
- No poder salirse con la suya, tener que acatar una norma en clase o ejecutar una tarea que le «aburra».

Joy era la alegría de sus padres. Era una niña animada y obstinada, que siempre necesitaba controlarse. A los tres años sus padres ya cedían a sus estallidos de rabia, especialmente a la horas de comer y dormir. Si se negaba a comerse los guisantes o a acostarse a la hora adecuada, ellos se lo consentían. Necesita más atención, se decían sus padres. Como se sentían culpables por estar tanto tiempo trabajando fuera de casa, le dejaban quedarse levantada hasta que se iban a la cama para que ella no lloriqueara.

Cuando empezó a ir al colegio sus padres no eran conscientes de que se había convertido en una tirana exigente. Les chocó que la profesora les dijera que Joy mentía, robaba y pegaba a los demás niños para conseguir lo que quería. Los padres de Joy lo achacaron a que la profesora era demasiado rígida y reprimía la creatividad de Joy. Los profesores no podían creerse hasta qué punto tenía Joy confundidos a sus padres.

En quinto Joy fue expulsada por empujar e insultar a la profesora. Los padres la cambiaron a un colegio más tolerante para niños «con talento». A los trece años Joy no respetaba ninguna norma en casa y se comportaba muy mal con los vecinos. A los catorce años la detuvieron por robar el coche al jefe de su padre para darse una vuelta con otros chicos.

Los padres eran conscientes de que Joy necesitaba límites, pero temían que eso provocara su rebeldía. Joy estaba pidiendo a gritos la seguridad que proporcionan los límites.

Lo único que tu niño necesita son límites

Tienes que estar preparado porque un niño agresivo va a oponerte una considerable resistencia. Las cosas van a empeorar antes de empezar a mejorar. Si no pones límites claros reaccionará con berrinches y tácticas de venganza. No va a ser un camino de rosas.

No olvides que estos niños necesitan parecer fuertes, triunfadores y poderosos. Trata de que se sienta reconocido. Emplea a sus amigos, compañeros de clase y de equipo como mecanismos de reconocimiento para él.

Fija límites claros. No debes consentir que tu niño siga causando daño o pisoteando los derechos de los demás.

Métodos disciplinarios para el niño descontrolado

Estos niños necesitan que se les imponga disciplina al tiempo que se les ofrecen incentivos positivos; no hay que perder de vista que en este caso sólo los incentivos no bastarían.

Ir a la habitación

El niño agresivo reacciona bien a este método cuando es pequeño. Fija un tiempo para que no esté con la familia ni los amigos, de manera que no reciba mucha atención. Puede escaparse, romper cosas y ponerse a dar gritos y alaridos durante horas. ¡Cuidado! No son más que tácticas para que te rindas. Prepárate porque las va a poner en práctica para tantearte en cuanto empieces a poner límites.

Si puedes, haz que otro adulto colabore contigo. Al principio vas a tener que mandarlo varias veces a la habitación, de manera que debes estar preparado para emplear hasta una hora.

Castigo progresivo

Si tu niño permanece en calma y en su sitio, puede conservar sus privilegios en cuanto a televisión y juegos durante el resto del día. No hagas caso de sus gritos a partir de entonces. La primera vez que salga de la habitación, castígalo sin televisión. La siguiente vez, sin bici. La siguiente, mándalo acostarse una hora antes.

Castigo proporcionado

Escribe o dibuja los castigos para despejar cualquier duda al respecto. Al mandarlo a la habitación sólo tienes que mirar la lista para ver qué privilegios pierde. Si sale de la habitación, cuenta hasta diez. Si no vuelve, quítale un privilegio. No digas nada, vuelve a llevarlo a la habitación y empieza de nuevo (véase capítulo 22).

En el caso de niños más mayores, necesitas combinar mandarlos a la habitación con otros métodos, como la reparación del daño causado, por ejemplo. No esperes que tu niño manifieste arrepentimiento o preocupación por las repercusiones de su comportamiento sobre los demás. De todas maneras, hacerle perder privilegios le hace ver que no está permitido causar daño a los demás.

Otros castigos

Si conoces la causa de los estallidos de rabia de tu niño, empléala como incentivo. Con sus berrinches, en vez de ganar reconocimiento, más galletas o tiempo para jugar, tu niño pierde por haberse descontrolado.

Repite frases como: «Si no te calmas y te controlas para cuando yo haya contado hasta diez, te quedas hoy sin chucherías». Si tu niño no se comporta adecuadamente tras esto, pase lo que pase, cumple con el castigo anunciado.

Impón castigos genéricos, no exclusivamente relacionados con el problema actual. Un niño a quien le gustan los videojuegos, hablar por teléfono y ver la televisión, se esforzará por conservar esos privilegios. Ponlo por escrito. Asegúrate de que los castigos vayan de menos a más. La primera vez, el niño se queda sin una hora de videojuegos; la segunda, dos horas; la tercera, sin televisión.

Combina premio y castigo: Piensa en los estallidos de rabia que suele tener tu niño a diario. Pacta una reducción, por ejemplo, bajar de siete a cinco. Vete asignando premios para cuando vaya bajando a cinco, cuatro, tres, dos, uno y ninguno. El valor de los premios ha de ir en proporción inversa al número de estallidos de rabia.

Reparación

La reparación es un importante método disciplinario para el niño con pocos remordimientos de conciencia. Debes vincular al máximo posible la reparación con el daño causado. Por ejemplo, si tu niño rompe una ventana, haz que recoja los cristales y pague la nueva (ganándose el dinero o sacándolo de sus ahorros). Si tu niño rompe un juguete a otro niño, que le dé otro. Si pega a otro, que le pida disculpas y luego le haga algún favor o tarea que le hayan impuesto.

Los niños agresivos suelen mostrar «mala actitud» (resentimiento, venganza, autojustificación, echar la culpa al otro) cuando se les pide una reparación. No discutas. Hazle ver que por cada minuto que tarde en cumplir la reparación, irás añadiendo más cosas.

Déjale claro que sus actos agresivos carecen de justificación y que debe reparar el daño causado. La otra persona puede aceptar o no la reparación, es asunto suyo y no debes preocuparte al plantear a tu niño la necesidad de reparar.

La clave es que tu niño sepa a qué atenerse. Los niños agresivos se rebelan cuando se les ponen límites, porque los ven como una imposición injusta. Son más efectivas las normas familiares o de grupo sobre cuáles son los comportamientos correctos y cuáles las consecuencias de infringirlos.

Ayuda a tu niño a ganar reconocimiento positivo

Muchos niños agresivos carecen de otro recurso que no sea la cólera para conseguir el reconocimiento y el control que buscan. Puedes ayudar a tu niño a encontrar reconocimiento positivo y desarrollar el sentimiento de autoestima. Busca a alguien que le enseñe nuevas habilidades. No desistas hasta que encuentres una forma positiva de que tu niño logre el reconocimiento de su compañeros. El atletismo suele venir bien, ya que brinda una válvula de escape para el exceso de energía y el chico ha de acatar un conjunto de normas. De todas maneras, puede que tu niño no esté preparado para trabajar en equipo y quizá le fuera mejor la natación, el ciclismo, las artes marciales u otros deportes en los que los objetivos sean la rapidez y la mejora de la habilidad personal. La naturaleza competitiva del fútbol y otros deportes de equipo puede provocar demasiada tensión.

Si el niño habla mucho, apúntalo en un grupo de teatro. Anímalo a representar a los estudiantes. Haz que «luche» por una causa política o medioambiental importante. ¡Canaliza su obstinación hacia cosas donde haya que vencer dificultades!

No reacciones con rabia

Al tratar con un niño agresivo es esencial atenerse a los siguientes criterios generales:

Dar buen ejemplo. El niño agresivo va a poner a prueba tu paciencia y hará que te sientas frustrado y encolerizado, pero recuerda que su modelo eres tú.

No respondas a los ataques. Si tu niño te provoca con acusaciones o palabrotas, no caigas en la provocación. Actúa con sentido del humor y desvía la tensión.

Actúa con resolución a la hora de imponer disciplina.

Presta atención y elógialo cuando lo veas un buen comportamiento.

No negocies con un terrorista. Haz saber a tu niño que el mejor modo de obtener el poder y control que tanto ansía es una negociación tranquila.

Crea condiciones para la negociación y la solución de problemas.

No empieces a negociar hasta que tu niño se calme y respete los límites. Interrumpe la negociación en cuanto aflore el mal genio o tu niño empiece a echar la culpa a otros. Dile que se controle para poder seguir las negociaciones.

Deja claro que el objetivo de la negociación es que todos salgan ganando, no que haya vencedores y vencidos. Deja que tu niño vea cómo negocias empleando los métodos disciplinarios que vas a aplicar. Enseña a tu niño a negociar con sus compañeros.

Sé constructivo. Haz saber a tu niño que esperas más de él y que responderás en cuanto le veas actuar de modo positivo.

Cuándo se necesita terapia

¡No lo tienes nada fácil! Familia, amigos, profesores, líderes religiosos, todos pueden ayudar. Colaborar para marcar límites. Ayudarse mutuamente en los momentos difíciles. Buscar salidas positivas para que tu niño se controle con dignidad y sabiendo lo que hace.

Hay niños que siguen rebelándose por mucho que te esfuerces. Si tu niño hace caso omiso de los límites, debes cortar de raíz esa tendencia. Irse de pinta, pelearse, tomar drogas ilegales, alcohol, decir palabrotas y negarse a aceptar las normas indican que hace falta buscar la ayuda de un profesional.

La terapia puede amortiguar las batallas por el control entre tu niño y tú. Tu niño puede aprender a controlarse de manera positiva. Puedes convertirte en un apoyo en vez de ser el guardián o el árbitro.

Sexta parte

Vivir en paz

27. ¡Celébralo! Por fin lo has conseguido

Haber leído este libro es buena prueba de que posees la fuerza y la motivación necesarias para cambiar el modo de manifestarse la rabia en tu familia. Seguramente ya has obtenido resultados positivos al emplear, adaptar o ajustar las estrategias sugeridas en los capítulos anteriores. Necesitas que estas ideas pasen a formar parte de tu vida cotidiana si quieres que el cambio se consolide y sea duradero. Este capítulo ofrece algunos criterios para ayudarte a mantener controlada la rabia en tu familia una vez hayas vuelto la última página de este libro.

Lo difícil es mantenerse

¡Menos mal! Has sobrevivido a otra batalla familiar. Has metido en su cueva al Dragón de la cólera. Has apartado a tu familia del conflicto y la has conducido a la paz. Has fijado límites para que se calmen tu furia y la de tu niño. Entonces, ¿por qué el ambiente no es del todo bueno? ¿Por qué hay siempre alguien rezongando? ¿Por qué temes que pueda haber un estallido en cualquier momento? ¿Por qué temes que alguien quiera vengarse? ¿Por qué sientes tú mismo la necesidad de resarcirte por todos los disgustos que te ha causado la furia de tu niño?

Todo el mundo necesita recuperarse después de un conflicto reñido o doloroso. Tú, tu niño u otros miembros de la familia pueden sentirse avergonzados, vulnerables, abandonados, solos, incomprendidos o simplemente mal. Antes de que se restaure la paz cada uno de ustedes necesita tiempo para recuperar la energía, el optimismo y el sentido del humor.

Tú asumes la responsabilidad, pero quizá te hayas vaciado emocionalmente y te queden pocos recursos. Quizá te aferres a tu propia necesidad de control. Durante esta difícil transición, recuerda que eres el catalizador del cambio. Si no eres capaz de seguir avanzando, puede que estés alimentando un nuevo episodio del conflicto.

Formas de pacificar a la familia

El orgullo y el deseo de venganza hacen resurgir muchas batallas. Es natural pensar sobre todo en nosotros mismos cuando estamos encolerizados. Necesitamos que nuestras necesidades y nuestra posición se escuchen a toda costa. Puede que pensemos que nuestros hijos son egoístas, tercos y actúan mal. Queremos que reconozcan sus errores y abandonen sus enfrentamientos. Pero tu hijo no puede hacer las paces hasta que tú lo hagas.

Piensa en el ambiente de tu casa tras un estallido de rabia. ¿Estás a la defensiva? ¿Saltas como si cualquier comentario fuera un insulto o un nuevo ataque? Si te sientes vulnerable, quizá te dejes llevar por la irritación. Puede que estés abusando de advertencias, críticas y sermones. A lo mejor estás haciendo que tu niño se sienta más avergonzado, encolerizado y predispuesto a la venganza. Puede que sea tu propio «bagaje emocional» la causa de muchos de los conflictos actuales. Los niños reaccionan maravillosamente en el presente. Poseen una espléndida capacidad para avanzar con esperanza y energía. Puedes aprovechar esa capacidad de mirar hacia delante que tiene tu hijo. Puedes contribuir a la pacificación de tu familia.

Calmar la cólera

Cuando un conflicto ha sido particularmente difícil, todo el mundo necesita relajarse físicamente. Dense tiempo para quedarse solos leyendo, haciendo ejercicio, limpiando; tiempo para recuperarse. Te ha subido la adrenalina y tu cuerpo necesita descargar. Ten paciencia. Tómate el tiempo que necesites. En esta etapa no puedes precipitarte. No hay recuperación posible sin relajarse antes.

Dejar de echar la culpa

No haces más que darle vueltas a ideas como: «¡Estos niños son unos mocosos mimados!», «nunca me respetarán», «¡me conformaría con que obedecieran al menos una vez!», «merezco tener tiempo para mí, ¿por qué no pueden dejarme en paz los niños?»

Tu cerebro puede pensar un millón de formas de insultar, echar la culpa y vengarte mentalmente de tu niño descontrolado. Muchos de esos pensamientos se basan sin fundamento alguno en que tu niño sea perfecto o al menos razonable, obediente y sensible a tus necesidades de adulto.

Sé realista. Los niños son inmaduros, egoístas y exigentes por naturaleza. No son responsables de tu paz interior. No son responsables de tu rabia.

Pedir disculpas

Cada uno desempeña su papel en un conflicto. Evita echarte la culpa o echársela a tu niño. Toma las riendas. Piensa cómo podrías haber actuado para evitar el conflicto. ¿Cómo podrías haber contribuido a la solución del problema? Ser el primero en pedir disculpas no significa que seas «siempre el primero en ceder». Eres el primero en brindar la paz.

Tus disculpas han de ser sinceras. Sin críticas ni culpas ni para ti ni para tu niño. Concéntrate en lo que deberías haber hecho y lo que te gustaría mejorar la próxima vez. Tus disculpas son todo un ejemplo para el niño. De este modo aprende que todos cometemos equivocaciones. Lo importante es aprender de los errores.

Tu niño debería disculparse a continuación, pues eso brinda una oportunidad para aprender y reflexionar. Si comprende que el objetivo de las disculpas es avanzar, estará mucho mejor predispuesto. Si le preocupa que pedir disculpas le pueda acarrear críticas y sermones de los adultos, se cerrará en banda. Tu niño necesita recuperar el control y la esperanza. Pedir disculpas de manera positiva y pacífica contribuye a ello.

¿Qué pasa si tu hijo no pide disculpas voluntariamente? No lo obligues. Dale otra oportunidad y si no la aprovecha, dile cuándo tendrá la próxima. Si aun así no las aprovecha, puede que necesite más tiempo para calmarse. Emplea multas o reparaciones que sólo se levantarán en caso de que pida sinceramente disculpas y se comprometa a poner en práctica un «plan de paz», es decir, lo que va a hacer para mejorar.

Perdonar y olvidar

Es hora de perdonarte a ti mismo. Si te has dejado llevar por una furia infantil, si has hecho justo lo que te habías prometido a ti mismo no hacer jamás, perdónate. Nadie es perfecto. Tu niño no espera que tú seas perfecto. Tu niño necesita que lo perdones y olvides.

Puede que no seas capaz de olvidar nunca un ataque particularmente duro. Pero *debes dejarlo a un lado* una vez que tu niño y tú se hayan disculpado. Sólo otro adulto puede comprender tu dolor y aceptar la responsabilidad de que no se repita. No esperes eso de un niño. Si tu niño te causa dolor, es esencial evitar el resentimiento y echarle la culpa para que ambos puedan seguir avanzando. Los adultos necesitan perdonar y olvidar las faltas de los niños. Necesitamos confiar en que lo van a hacer bien la próxima vez. La reparación les da la oportunidad de demostrarse que son capaces de hacerlo.

Reparar

Expiación. Rectificación. Quitar culpas. No avergonzar. Lo que sea. Si tu niño y tú han entrado en conflicto, haz algo constructivo. En cuanto a tu propio sentimiento de culpa, imponte una penalización que te devuelva la paz interior.

Deja a tu niño en libertad de decidir su propio modo de reparar lo que ha hecho mal. La rectificación puede ser cosa de uno solo o de grupo. Todos deben decidir lo que les toca hacer.

Todos han de contribuir. Dibujar algo bonito, recoger, hacer un favor, ayudarle a alguien en su trabajo, hacer un regalo, prepararle a alguien su comida favorita. ¿Cómo puedes ayudarle a proponer un plan de paz?

No olvides que la reparación, igual que las disculpas, ha de ser voluntaria. No puedes forzarla. De todas maneras, las multas y la pérdida de privilegios pueden mantenerse mientras tu niño decide qué tipo de reparación hacer. A los niños pequeños hay que darles ideas y alternativas. Los adolescentes necesitan saber que confías en que van a saber dar con la solución adecuada. Ningún niño necesita presiones, dudas ni críticas en esos momentos. Si confías en que se conseguirá la paz, tu niño trabajará por ella.

Hacer un plan de paz

Mientras que las disculpas y la reparación consisten en rectificar errores, tu plan de paz hace centrarse en fomentar los aspectos positivos. Puedes llegar a acuerdos que favorezcan la paz, además de prevenir el conflicto.

Para lograr la paz debes poner de tu parte. Juega, abraza, ríe. Hasta el niño más furioso y encolerizado siente una profunda necesidad de cariño. He aquí algunas sugerencias para hacer un plan de paz para tu familia:

Comprender lo que necesita cada uno. Si las necesidades de cada uno entran en conflicto, busca el equilibrio. Si necesitas paz y tranquilidad al cabo de una larga jornada y tus hijos adolescentes necesitan poner la música a todo volumen y hablar con sus amigos ¿a qué compromiso se puede llegar? ¿Pueden organizarse de manera que cada uno consiga lo que necesita?

Si necesitas estar solo mucho tiempo para serenarte tras una discusión y tu niño quiere hablar enseguida ¿cómo pueden llegar a un entendimiento? Buscar el compromiso es parte del plan de paz.

Ser sencillos. Ser positivos. Garantiza que todos asuman sus responsabilidades. Tu familia puede establecer normas para guiarse y crear un clima de paz.

Tener en cuenta los momentos peligrosos. Si tienes mal despertar y estás de mal humor hasta que te tomas un café, aléjate de tu niño en esos momentos.

Valora los aspectos positivos de los demás. En vez de centrarte en lo que no hay que hacer, haz hincapié en lo que pueda hacer cada uno. Nos sentimos orgullosos cuando se reconoce lo que hacemos bien. Si se nos da confianza por ser responsables, querremos contribuir a la solución del problema. Si nos centramos en lo que puede hacerse para crear un clima de paz, lo conseguiremos.

Celebra el éxito. Si mantienes la paz con tu hijo pequeño en el ajetreo de la primera hora de la mañana, elógialo. Si tus niños llegan a una tregua, déjalo que se peleen con pistolas de agua. Si tu adolescente rebelde acepta la hora de llegar a casa, dale más libertad; se la ha ganado. Si tu niño y tú han cumplido la promesa de mantener la tregua ¡disfrútenlo! Pónganse a jugar.

Dedicar tiempo a la familia

La vida está llena de presiones, desde el agobio cotidiano hasta la experiencia abrumadora del fracaso, el divorcio o la muerte. El dolor de la pérdida y el agotamiento por causa de la tensión pueden desembocar en estallidos incontrolados de cólera. Si, después de leer este libro y aplicar sus estrategias, aún sigues teniendo problemas con la cólera, quizá debieras considerar si está pasando algo más.

Si puedes, simplifica tu vida y tus compromisos. Date tiempo para relajarte, descansar, jugar, hacer cariños, leer y recuperarte de las presiones y tensiones. No tienes por qué gastarte una fortuna en unas vacaciones ni salir de la ciudad todos los fines de semana. En casa tienes cosas con las que puedes disfrutar. Inténtalo. El amor y el humor pueden con las presiones más difíciles. Y el juego.

Poner objetivos positivos

Después de seleccionar el problema que quieres resolver, piensa en lo que quieres que suceda. Sé realista. No estás en ninguna serie de televisión de los años cincuenta. Tu niño y tú no van a ser la familia perfecta. Céntrate en los cambios positivos y posibles que quieres que sustituyan a las manifestaciones destructivas de la cólera.

¿Qué objetivo debes ponerte si tu niño te contesta con palabrotas cuando le recuerdas que tire la basura los martes por la mañana? ¿Puedes darte una ducha para evitar una pelea? ¿Puede tirar la basura tu niño en otro momento? Y si ha de ser los martes por la mañana, ¿qué premio vas a darle por hacerlo bien o qué castigo por decir palabrotas?

Piensa cómo va a reaccionar tu niño ante las distintas estrategias. Estate preparado. Si prevés su reacción, estarás en mejores condiciones de controlar la tuya y mantener la calma y a la vez la firmeza.

Ve poco a poco. Tu niño y tú sentirán sensación de fracaso si se ponen muchos objetivos a la vez. Procura que tus expectativas sean razonables.

La mejor forma de cambiar es ayudar a tu niño (y no tan niño) a jugar más y ser más amable. No olvides que, incluso en los cuentos de hadas, domar al dragón era una empresa de dimensiones épicas. Ten visión de conjunto. Valora cada paso por pequeño que sea. Todos conducen al mismo objetivo. Saborea las victorias. El viaje es largo: juega durante el trayecto.

Anotar los progresos

Es asunto tuyo decidir la energía y el tiempo que vas a dedicar a las estrategias de cambio que te ofrece este libro. Si quieres trazar un plan realista y a largo plazo para ti y para tu niño, empieza por las sugerencias destinadas a prevenir los estallidos de cólera o a reducir su intensidad.

Empieza un diario. Utiliza la agenda o el calendario. Anota las manifestaciones diarias de cólera de ambos. Numéralas de uno a diez según su intensidad. Busca los motivos que las provocaron o estimularon. Al cabo de una semana revisa tus anotaciones y trata de extraer conclusiones.

Haz un diagrama sencillo de cómo se manifiesta la cólera en tu familia. Puedes guiarte por el nivel de furia descrito en el capítulo 18. Señala qué momentos y situaciones son más propicias para los estallidos de rabia. Decide cuáles son los que más te importa cambiar. Ve poco a poco. Los cambios no se producen de la noche a la mañana.

Recompensar a la familia (y a uno mismo)

Celebra cada pequeño paso. Si has logrado cortar la reacción en cadena de la rabia dándote tiempo para calmarte, date un premio. Si has conseguido no hacer caso de un lloriqueo persistente, no dejes de celebrarlo. Presume de tus progresos con tu cónyuge o con tus amistades (pero no con un niño). O mejor aún, ¡presume con tus padres!

Cuando tu niño elige por primera vez una manera correcta de expresar la cólera, debes reconocérselo y elogiárselo. Cuando tu hijo adolescente va cumpliendo el pacto a que has llegado con él, hazle saber que estás orgulloso. Crea un clima de «buenas expectativas». Cada paso de tu niño contribuye a crear un comportamiento más positivo. Saca tiempo para jugar. Inventa ceremonias sencillas para destacar tus progresos, por pequeños que sean.

¡Resistir!

Es duro asumir la responsabilidad. La responsabilidad puede resultar agotadora y abrumadora. Los conflictos y la rabia son normales, necesarios e incluso saludables. Tu niño y tú siempre van a sentir rabia. Ambos van a enfrentarse con momentos de tensión y preocupación en los que recurrirán a los antiguos moldes del conflicto. Incluso puedes tener reacciones negativas. Esto es normal en cualquier proceso de crecimiento y cambio. No te desanimes. No dejes que tu niño se sienta desanimado.

Convierte los errores de tu niño y los tuyos en ocasiones de aprender. Cuando se hayan calmado pregunta: «¿Qué vamos a hacer la próxima vez para no volver a perder los estribos?» Planifica y practica nuevos comportamientos y considera diversas alternativas de manera que todos están en condiciones de mejorar.

Valora y celebra que tu niño se incline por lo correcto. Fomenta la capacidad de tu niño para ser libre e independiente al tiempo que cuidadoso y responsable. Controlar la rabia implica cometer errores, pero puedes concentrarte en los avances que veas tanto en ti como en en él.

Estás en condiciones de poner en práctica lo que has aprendido en este libro. Puedes aplicar tu plan de paz. No te vas a librar de los conflictos. Pero vas a poder utilizar las ideas recogidas en este libro. Te podrás sentir orgulloso de haber dado buen ejemplo y de que tu niño haya aprendido a hacer las paces.

Examen final

Al comprar este libro seguro que te preguntabas si tu familia sería capaz de resolver el problema de los berrinches. Seguro que te sentías abrumado y desanimado, aunque con ganas de intentarlo. Mira lo que has logrado:

Antes: cuando tu niño tenía hacía un berrinche o se oponía a gritar, tú contestabas con otra rabieta o más gritos (o al menos tenías ganas de hacerlo).

Ahora: *sabes prevenir los berrinches.* Sabes que el exceso de tensión y fatiga provocan estallidos de furia. Sabes que los berrinches pueden surgir de comentarios despectivos, críticas, sermones, echar la culpa o no poner límites claros.

Ahora: *sabes cortar un berrinche no haciendo caso y poniendo límites claros.*

Antes: cedías cuando tu niño armaba un escándalo para conseguir lo que quería. Estabas irritado y tenías miedo de que cualquier cosa que hicieras fuera a empeorar las cosas.

Ahora: *sabes enseñar a tu niño a calmar la furia*. Hacer que emplee métodos positivos de expresar lo que quiere. Pactar con él las normas y los castigos en caso de infracción. Poner límites claros sin vacilaciones en caso necesario.

Antes: quizá creyeras que el único modo de aliviar las tensiones de tu niño era pegar, gritar y cosas por el estilo.

Ahora: *sabes que niños y adultos necesitan aliviar físicamente sus tensiones y frustraciones*. Has organizado el tiempo de la familia durante la semana con muchas «pausas para relajarse», en especial antes de la cena y en las ocasiones en que habitualmente se producían los estallidos de rabia.

Ahora: *has practicado técnicas para calmarte que pueden emplear tu niño y tú frente a los estallidos de rabia*. Sabes dar la señal para utilizarlas. Ya sabes que no siempre funcionan, pero son importantes.

ANTES: creías que poniéndole límites a la rabia de tu niño perjudicabas sus sentimientos y su autoestima.

AHORA: *sabes que tu niño se siente avergonzado y descontrolado cuando tiene un estallido de cólera*. Dispones de nuevos instrumentos para ayudar a tu niño a expresar toda clase de sentimientos. Sabes que no se debe hablar de ellos en el acaloramiento de una discusión. Confías en poder hacerlo cuando se han calmado. Sabes que tu niño necesita límites y normas para poder expresar la rabia y poder tener la seguridad de que se le quiere y puede crecer responsablemente.

ANTES: te odiabas por incurrir en los mismos errores que odiabas de tus padres. Te parecía que tu niño y tú estaban atrapados en el mismo círculo vicioso.

AHORA: *sabes romper ese círculo*. Conoces el papel que desempeñan tu hijo y tú. Sabes calmarte y ayudar a tu hijo a calmarse. Después puedes hablar del problema.

ANTES: no sabías cuándo imponer la disciplina a tu niño. Todo te parecía que iba a empeorar la situación.

AHORA: *conoces una variada gama de métodos disciplinarios para todas las edades y situaciones*. Sabes cuándo aplicarlos para que sean efectivos. sabes cuál aplicar para que tu niño aprenda a controlarse y responder a las necesidades y sentimientos de los demás.

ANTES: te sentías como un árbitro en medio de las batallas constantes de tus niños. Estabas convencido de que iban a volverte loco.

AHORA: *comprendes que las peleas entre hermanos son normales*. Sabes prevenir conflictos. Cuando surja la inevitable pelea, sabes ayudar a tu niño a zanjarla.

ANTES: los conflictos parecían interminables, una espiral de daño y venganza. Tú te dedicabas a averiguar por qué se producían. Tenías miedo de atizar la cólera y estabas como paralizado. Creías que el fracaso era inevitable.

AHORA: *puedes dedicarte a cosas más positivas*. Sabes resolver los conflictos, trazar un plan de paz y celebrar tus éxitos y los de tu niño.

Has pasado el examen final. Ya sabes que la rabia es una parte normal y saludable de la vida familiar. Sabes enfrentarte a ella y emplear su energía en sentido positivo para fomentar el cambio y la comprensión en la familia. *¡Has domado al Dragón!*

Cómo buscar ayuda profesional para tu niño

Puede que durante algún tiempo hayas sentido una gran preocupación y lo hayas intentado, sin acabar de creerte que pudieras sacar a tu niño de las arenas movedizas del conflicto. Al principio incluso te asustaban sus explosiones de furia. Y te daban ganas de hacerle daño o de expulsarlo de la familia. También te preocupa tu propia cólera.

Mientras ibas leyendo este libro puede que hayas pensado: *Me parece bien, pero nosotros hemos perdido las esperanzas de que haya algo que le sirva a* nuestro *niño*. Puede que estés tan confuso que no sepas ni por dónde empezar. ¡Es el momento de buscar la ayuda de un profesional!

Adopten en familia el compromiso de mejorar. Ten tú mismo el valor de consultar con un profesional. Tómate el tiempo necesario para hablar con expertos que sepan cómo ayudar a cambiar a tu familia.

La terapia debe iniciarse con mucho cuidado, a cargo de un profesional en salud mental con amplia experiencia en psicología infantil y familiar y tratamiento de la rabia y estos conflictos. Busca a alguien que responda a este perfil en tu localidad. Háblalo con el director o el orientador psicopedagógico del colegio.

El terapeuta

Entrevista personalmente o por teléfono a los terapeutas que te hayan recomendado. Hazles las siguientes preguntas:

- ¿Qué formación y experiencia tiene?
- ¿Qué enfoque sigue para solucionar el problema de la rabia en los niños?
- ¿Qué método va a seguir para abordar el problema?
- ¿Qué cambios se propone como objetivo?
- ¿Qué colaboración va a pedir a padres y profesores?
- ¿Cómo van a participar los padres? (Muy importante si ha habido divorcio o separación.)
- ¿Cómo va a aprender él a controlar la rabia, expresar sus sentimientos de forma adecuada y solucionar los problemas efectivamente?
- ¿Cuánto tiempo va a durar la terapia?
- ¿Cuánto dinero va a costar?

La respuesta a estas preguntas te proporcionará la información necesaria para elegir el terapeuta adecuado para tu familia. Debes sentirte seguro respecto a los conocimientos, el método y plan de trabajo del terapeuta. La terapia es un proceso difícil; hay que trabajar codo con codo para establecer una relación de confianza.

La terapia

El examen psicológico determinará si tu niño necesita o no que intervenga un profesional. De todas maneras, la terapia individual no suele ser eficaz con un niño muy agresivo. La terapia familiar o de grupo ofrece mejor marco y estrategia para propiciar el cambio.

Una parte esencial de la terapia es aprender habilidades. Se puede aprender a ponerse objetivos y fijar límites en familia. El niño agresivo puede aprender a resolver conflictos y controlar la rabia en una terapia de grupo. Practicar en grupo le dará a tu niño la sensación de que puede y sabe hacerlo. Después puede enseñárselo a la familia y orientar el cambio.

El periodo de evaluación o prueba de la terapia puede determinar si tu niño agresivo necesita que el tratamiento se realice dentro o fuera de su casa o su colegio. Algunos niños necesitan otro entorno personal y escolar, donde puedan establecerse límites claros y exista una organización capaz de proporcionarle ayuda intensiva para cambiar su comportamiento. Esto último no debe nunca esgrimirse ante el niño como un castigo o una amenaza. Las escuelas y establecimientos especiales son oportunidades para el cambio (para cualquiera de ustedes). Elige un programa con participación activa de la familia. Esto les enseñará cómo abordar el problema y favorecerá la integración familiar del niño más rápidamente.

El comienzo

La elección de terapeuta y modelo de terapia no es más que el comienzo del trabajo. Tu niño y tú van a ponerse objetivos comunes de cambio. Pero el cambio puede acarrear angustia y conflictos. El terapeuta les enseñará nuevos métodos para afrontar conflictos. Les va a aconsejar cómo controlar el proceso de cambio.

Recuerda que hay que poner fin a los estallidos de rabia antes de que puedas hablar abiertamente de los sentimientos en familia. Cuando domines las técnicas para conservar la calma, la terapia puede abordar asuntos como la pérdida, el dolor, el rechazo, la decepción y la frustración. Hay que evitar entrar demasiado pronto en estos asuntos delicados puesto que pueden ser muy delicados. Primero hay que crear un clima de confianza. Cuando los niños tienen problemas de rabia, el motivo suele estar también en el colegio. No debe darte ninguna vergüenza implicar a profesores u otro personal del colegio como parte de la terapia. El cambio puede acelerarse con la participación de todos. Deja claro al niño y al terapeuta qué información es estrictamente familiar y cuál puede comunicarse al colegio. Ten en cuenta que la capacidad y el modo de actuar de los profesores pueden ser diferentes a los tuyos. Haz un plan que sume la aportación de todos y brinde a tu niño los instrumentos para que consiga controlar la rabia.

Muchas veces los niños con excesivos estallidos de rabia en el colegio tienen problemas personales que necesitan tratarse dentro de la terapia familiar. De todas maneras, este tipo de problema obedece a dificultades con la clase o los compañeros. El terapeuta puede ayudarte a poner en práctica un plan para superar dichas dificultades.

No más berrinches se terminó de imprimir en enero de 2002, en Litográfica Ingramex, S.A. de C.V. Centeno 162, Col. Granjas Esmeralda, C.P. 09810, México, D.F.